꼼짝할 수 없는 내게 오셔서

꼼짝할 수 없는 내게 오셔서

윤석언·박수민 지음

1판 1쇄 발행 2018. 4. 20. | **1판 2쇄 발행** 2021. 10. 26. | **발행처** 포이에마 | **발행인** 고세규 | **편집** 강영특 | **디자인** 지은혜 | **등록번호** 제300-2006-190호 | **등록일자** 2006. 10. 16. | 서울특별시 종로구 북촌로 63-3 우편번호 03052 | 마케팅부 02)3668-3260, 편집부 02)730-8648, 팩스 02)745-4827

값은 뒤표지에 있습니다. ISBN 979-11-5809-078-4 03230 | 독자의견 전화 02)730-8648 | 이메일 masterpiece@poiema.co.kr | 좋은 독자가 좋은 책을 만듭니다. | 포이에마는 독자 여러분의 의견에 항상 귀를 기울이고 있습니다.

이 도서의 국립중앙도서관 출판시도서목록(CIP)은 서지정보유통지원시스템 홈페이지(http://seoji.nl.go.kr)와 국가자료공동목록시스템(http://www.nl.go.kr/kolisnet)에서 이용하실 수 있습니다. (CIP제어번호: CIP2018010914)

전신마비 27년, 하나님과 함께한 날들의 기록

꼼짝할 수 없는
내게 오셔서

윤석언 ✉ 박수민

포이에마
POIEMA

다니엘 김
선교사, 《철인》 저자

'하늘사랑'이라는 아이디로 석언 형제님께서 우리 웹사이트에 인사 글을 남겨주시기 시작한 지 벌써 4년이 되어가는 것 같습니다. 형제님의 삶과 글은 언제나 우리 웹커뮤니티의 모두에게 큰 격려와 위로가 되었고, 그 유머감각으로 인해 우리 모두는 순진한 행복을 누렸습니다.

그 후, 저는 워싱턴 지역 집회 중 침상에서 환히 웃으며 반겨주는 형제님을 방문했고, 그때부터 지금까지 형제님은 저를 위하여 가장 많이 기도해주는 동역자이자 소중한 친구로 함께하고 계십니다. 지금도 눈만 감으면, 그 미소 짓는 얼굴이 생각나는 하나님의 사람입니다.

비록 서로가 역할은 달라도 주님을 향한 같은 사랑과, 복음을 향한 같은 열정과, 세상을 향한 같은 부담을 가지고 우리는 지금, 그리고 주님 오시는 그날까지 함께 동로자(同路者)로 살 것입니다.

이번 책을 통하여, 형제님의 삶 구석구석에 묻어 있는 주님의 손자국을 많은 이에게 나눌 수 있게 하신 하나님께 진심으로 감사합니다. 이로 인해 수많은 사람들이 하나님의 신실하심을 다시 목격하고, 야곱과 같이 주님이 계신 곳은 '여기'(창세기 28:17)라고 새로이 고백하게 되기를 기대합니다.

백신종
메릴랜드 벧엘교회 담임목사

2015년 벧엘교회에 부임하고 나서 얼마 지나지 않아 윤석언 형제님을 만났습니다. 요양원 침대에 누워 있는 첫 모습은 누군가의 도움 없이는 아무것도 할 수 없을 것 같았습니다. 그런데 자리에 앉아 대화를 시작하면서 오히려 그런 생각이 부끄러워졌습니다. 고난을 통해 연단된 신앙에는 기쁨과 감사가 배어 있었습니다.

1991년 교통사고로 전신마비가 된 이후, 어떤 의사소통도 할 수 없는 암흑과 같은 회복기를 지냈습니다. 석언 형제의 어머니는 몇 년 만에 글자판을 통해서 아들과 의사소통을 하게 되었을 때의 감격을 아직도 설레는 음성으로 전해주셨습니다. 석언 형제는 그 이후 꾸준하게 시를 써서 시집을 출간한 시인이 되었습니다. 그의 시집《마음은 푸른 창공을 날고》(코람데오, 2001)를 받아 첫 장을 펼쳐 〈자일〉이라는 시를 읽으며 형언할 수 없는 감동과 깨달음이 차오르는 것을 느꼈습니다.

윤석언 형제는 사고 전 한 줄의 자일에 생명을 맡기고 친구들과 암벽등반을 즐기던 청년이었습니다. 사고 이후 친구도 자일도 없이 두려움을 짊어지고 인생이라는 암벽을 등반해가다가 '믿음'이라는 자일과 친구 되신 예수님을 새롭게 만났던 것입니다. 그날 밤 집에 돌아와 시집을 다 읽었습니다. 설레는 감동과 은혜는 며칠을 이어졌고, 결국 그 주 설교에 석언 형제의 시집을 인용하기도 했습니다.

성경은 고난이 인생을 정제하고 단련한다고 말합니다. 고난은 광석 같은 인생이 정금같이 만들어지는 인생의 용광로인 것입니다. 가쁜 숨을 몰아쉬는 석언 형제와 대화를 나누다 보면 정금과 같이 맑은 영혼을 느낄 수 있습니다. 스물세 살 청년 때 사고를 당해 그보다 오랜 시간 전신마비 장애인으로 살아왔지만, 꾸준히 배우고 묵상하고 마음과 영혼을 갈고 닦아 인생의 정상에 우뚝 서 있음을 느낍니다.

윤석언 형제는 '고난을 감사로 승화시키는 믿음'을 소유한 분입니다. 그 고난의 현장에 사랑하는 어머님이 계셨고, 사랑하는 친구들이 있었고, 먼 곳의 박수민 선교사님이 대화의 상대가 되어주셨습니다. 그의 주변에 함께하는 분들은 한결같이 감사와 은혜를 이야기하는 간증에 마음이 녹게 되어 있습니다. 이 수필집에는 고난을 감사로 녹여낸 용광로와 같은 이야기가 담겨 있습니다. 저는 이 글을 읽는 모든 분들도 동일한 마음을 갖게 될 것이라 확신하며 이 책을 추천합니다.

또한 그는 '영혼이 자유로운 사람'입니다. 몸은 자유롭지만 영혼은 상처에, 과거에, 현실에 매여 있는 사람도 있습니다. 하지만 석언 형제님을 만나면 그 마음과 관심과 기도와 사역이 자신이 아닌 가족과 이웃과 세상을 향해 있음을 느끼게 됩니다. 그는 요셉과 같이 하나님이 주신 꿈을 가진 청년입니다. 육체는 40대 후반 중년의 나이에 들어섰지만, 그의 영혼은 고난과 역경 가운데 꽃피운 20대에 머물러 있습니다. 저는 독자들이 이 책을 읽으면서 다른 사람의 이야기로만 듣고 끝나지 않길 기대합니다. 오히려 이 책이 자신의 내면을 들여다보는 인생의 거울이 되길 기도합니다.

마지막으로 윤석언 형제는 신학을 공부하는 '문서 선교사'입니다. 그는 사이버 교육을 통해서 대학을 졸업하고, 현재 신학대학원에서 목회학을 공부하고 있습니다. 비록 그가 육신적으로는 1년에 한 번 가쁜 숨을 몰아쉬며 말씀을 전하지만, 글과 간증에 힘이 담긴 전도자입니다. 이 책의 출간이, 글을 통해 세상과 소통하고 하나님께서 주신 믿음과 자유를 증언하는 좋은 기회가 되길 축복하며 기도합니다.

남종성

미국 월드미션대학 신약학 교수, LA 디사이플교회 담임목사

석언 형제와 수민 형제는 미국 LA에 있는 월드미션대학의 온라인 강의실에서 만난 제자들입니다. 온라인 강의실에서 만난 사람들이지만 캠퍼스에서 직접 만난 사람들 이상으로 친밀한 관계가 되었습니다. 매주 수업 시간에 이루어지는 발표와 질문, 토론을 통해서 오프라인 캠퍼스에서보다 훨씬 더 많은 대화를 주고받았기 때문입니다.

특히 2016년 봄 학기에 함께했던 헬라어 수업은 저에게 잊을 수 없는 시간이었습니다. 이 수업에서 아주 특별한 두 사람을 동시에 만났기 때문입니다. 한 사람은 스물세 살 때 당한 교통사고로 전신이 마비된 사람이고, 또 한 사람은 폴란드에서 전임직장을 가지고 평신도 선교사로 헌신한 사람입니다.

일반적으로 어렵다고 여겨지는 헬라어 수업에서 이들은 저와 호흡을 같이했습니다. 몸은 떨어져 있었지만 일체감을 느끼는 신기한 수업이었습니다. 딱딱할 수 있는 헬라어 수업이 따뜻한 격려와 열정으로 가득했습니다. 그것은 석언 형제의 피눈물 나는 노력과 옆에서 함께해준 수민 형제의 아름다운 동행이 있었기 때문입니다. 그 누구도 이 두 사람 앞에서 나태해질 수가 없었습니다. 마침내 대부분의 학생들이 헬라어 고지의 정상을 밟았습니다. 이후로 저는 두 사람에게 더 많은 사랑과 관심을 가지게 되었습니다.

이 책은 진실한 마음을 담고 있습니다. 잔느 귀용의 《순전한 사랑》을 읽는 듯했습니다. 이 책에 실린 글들은 본래 출판을 목적으로 쓰인 것이 아닙니다. 두 친구가 둘만의 공간에서 자신들의 삶을 그대로 나눈 것입니다. 가공되지 않은 친구 간의 대화입니다. 한 사람은 폴란드에서, 한 사람은 미국 동부 메릴랜드에서 주고받은 이메일이 2년 동안 무려 2천 통이나 됩니다.

이 책은 한 글자도 낭비될 수 없는 책입니다. 전신마비인 석언 형제는 특수 스티커를 붙인 안경을 쓰고 침대에 누워 컴퓨터를 사용합니다. 눈으로 자판을 치는 것입니다. 글자의 한 획도 아무렇게나 쓸 수 없는 사람입니다. 글은 그의 생명과 존재를 드러낼 수 있는 은총의 수단이기 때문입니다. 이 하나님의 은총 속에 위선이나 가식이 들어갈 수 없습니다. 여기에 자기자랑이 들어갈 수 없습니다. 편지를 주고받은 수민 형제 역시 친구가 생명을 나누고 있음을 알기에 생명으로 화답하고 있습니다.

독자들은 이 책을 읽으면서 웃기도 하고 울기도 할 것입니다. 가슴이 새로 태어나는 경험을 할 것입니다. 저자들이 가슴으로 깨달은 것을 가슴으로 말하고 있기 때문입니다. 책을 읽어가면서 막혔던 심장이 뚫릴 것입니다. 욕심 때문에 보지 못했던 소중한 보화를 발견할 것입니다. 진실한 삶이 무엇인지를 깨닫게 될 것입니다.

이 책은 한 사람의 전신마비 장애인이 고난에도 불구하고 좋은 신앙을 지켰으니 그를 본받아야 한다는 교훈적인 책으로 끝나지 않습니다. 역사 너머의 초월과 묵시의 세계로 우리를 인도합니다. 예수님은 말씀이 육신이 되어 하늘나라를 선포하셨다면, 윤석언이라는 사람의 마비된 육체가 말씀이 되어 하늘을 증거하고 있습니다. 전신마비 육체가 하나님의 마이크로폰이 되어, 마비된 우리의 심령을 깨우고 있습니다.

이 책의 독자들은 연약한 육체를 통하여 말씀하시는, 천둥 같은 하나님의 음성을 들을 수 있을 것이라 생각합니다. 책을 다 읽을 즈음이면 거룩한 감동 앞에 무릎을 꿇지 않을 수 없으며, 주님이 그토록 원하시는 자기부정과 자기절망의 표적(sign)을 보게 될 것입니다. 또한 이 속에서 하나님의 신비와 능력을 경험하게 될 것입니다.

저는 이 책을 읽고 두 사람의 아름다운 동행에 같이하고 싶었습니다. 오늘 하루도 감사와 소망으로 살 수 있는 지혜를 배우게 되었습니다. 홀로 있으나 외로워하지 않고, 슬프지만 절망하지 않고, 부족하지만 욕심내지 않을 수 있는 힘을 얻게 되었습니다.

이 책은 천국을 선물로 주는 책입니다. 이 책은 사랑의 책입니다. 이 책은 우정의 책입니다. 오늘을 살고 있는 그리스도인들과 하나님을 알고자 하는 모든 이들에게 이 책을 적극적으로 추천합니다.

강민경
동화작가

"하나님 사역에는 실패가 없지요."

언어도 통하지 않는 폴란드 땅에 소명 하나 붙들고 맨몸으로 날아간 박수민 선교사님이다. 1년 만에 폴란드어를 통달하고 자비량 선교사가 되어, 선교와 가정교회를 함께 해나간 지 10년이 훌쩍 넘은 어느 날이었다. 눈에 띄게 성도가 늘어나지도, 성도들의 신앙이 깊어지지도 않을 때 지치지 않느냐는 내 질문에 대해, 선교사님이 한 대답이었다. 혹시나 사역이 승리하지 못했을 때 닥칠 허망함은 나의 기우(杞憂)였다.

"저를 이곳에 부르신 것도 하나님이시니, 양들을 모으고 변화시키는 것도 하나님이시지요. 성도가 적으면 적게 하신 하나님의 뜻이 있을 것이고, 변화가 더디더라도 그 또한 하나님의 뜻이 있겠지요. 저는 순종할 뿐이니, 하나님의 일에는 실패가 있을 수 없지요."

폴란드로 날아간 후 20년이 넘도록 작은 교회를 꾸리면서 늘 밝고 열정이 넘치는 이유를 그 말에서 깨달을 수 있었다.

그런 박수민 선교사님이 지난여름 책 한 권 분량의 글을 보내왔다. 윤석언 형제님과의 교제를 통해 하나님의 영광을 높이고 사랑을 전하는 내용이었다. 유난히도 비가 많이 와 후덥지근했던 여름, 나는 그 글을 통해 하나님이 일하시는 방법과 하나님의 사랑과 임재를 느끼는 법에 대해 다시 한 번 깊이 묵상했다.

11

윤석언 형제의 삶이야말로 하나님 사역에는 실패가 없다는 것을 보여주는 살아 있는 간증이었다. 평범하고 잔잔한 일상에서 하나님의 사랑을 느끼고 전하는 그 삶이 어떤 승리보다 더 값져 보였다. 폴란드와 미국에 살며 만난 적 없는 두 사람이 하나님 안에서 만나 교제하고 격려하는 모습은 천국의 친구, 그 자체였다.

온힘으로 썼을 석언 형제님의 글을 한 글자씩 새겨 읽으며 무덤덤했던 일상에 대한 감사함이 다시 살아났다. 손가락 하나 까딱할 수 없는 가운데에도, 삶 깊숙이 들어오셔서 아프고 닫힌 마음을 구석구석 어루만져주시는 하나님을 느낄 수 있어서, 그런 감사함을 느끼는 형제님을 접할 수 있어서 감사했다. 윤석언 형제의 삶과 글은 내 삶에도 감사를 진하게 회복시켜주었다.

윤석언 형제와 박수민 선교사님의 우정 또한 감동으로 다가왔다. 각자 폴란드와 미국이라는 먼 땅에 살면서 얼굴 한번 본 적 없고, 목소리 한번 들은 적 없이도 이토록 진한 우정을 나눌 수 있구나. 각자 다른 소명으로 살아가는 이 일꾼들에게 하나님께서는 서로 동역자가 되게 하셔서 지치지 않게 위로해주시는가 보다. 이 우정을 나누면서 세상에서 천국을 느끼지 않았을까 조심스레 추측해본다.

이 글을 읽는 독자들에게도 내게 다가왔던 하나님의 은혜와 사랑이 잔잔히 스며들리라는 것을 믿는다. 그것이 윤석언 형제를 통해 이루실 하나님의 계획이 아닐까.

데이비드 리
윤석언의 벗

17년 전 윤석언 형제를 중환자실에서 처음 만났다. 사경을 헤매며 한없이 연약한 가운데서 시작된 그와의 만남은, 서로를 위로하고 기도해주는 믿음의 좋은 친구 관계로 지금까지 이어지고 있다. 장애인으로 제한된 공간에서 보내는 그의 일상은 말할 수 없이 열악하고 세상과 단절되어 있는 듯 보인다. 하지만 하나님을 경외하고 하나님을 예배하는 것을 최고의 삶의 가치로 여기며 살아가는 그는, 전신마비라는 장애를 진리 안에서 이겨내고 매 순간 하나님과 동행하는 삶을 살아가고 있다. 이 책은 그가 하나님과 동행하는 과정에서 만난 또 다른 믿음의 동역자와 나누는 '하늘 동행'의 속삭임이다.

차례

1
병상일기

2
하늘 동행

여기 한 아이가 있어 보리떡 다섯 개와 물고기 두 마리를 가지고 있나이다.
그러나 그것이 이 많은 사람에게 얼마나 되겠사옵나이까.

(요한복음 6 : 9)

나의 이야기

내 나이 스물셋이던 1991년, 찬양대 연습을 위해 교회 가는 길에 교통사고를 당해 목 이하로는 전혀 움직일 수도 없고 느낄 수도 없는 전신마비 장애인이 되었다. 27년이라는 세월이 흘러갔지만, 아직도 나는 장애인의 생활에 적응이 되지 않는다.

나는 아직도 누군가가 밥을 먹여줘야 하고, 씻겨줘야 하고, 옷을 갈아입혀줘야 한다. 하루에도 몇 번씩 기관지에서 가래를 뽑아줘야 하고, 낮은 혈압으로 인한 어지럼증 탓에 앉은 자세로는 오래 있을 수도 없다. 주일에 예배드리러 갈 때 역시 어지럼증 때문에 누군가가 항상 옆에 있어야 한다. 전신마비 장애인으로서 가장 힘든 점은 대변을 나의 의지로 볼 수 없다는 것, 그 누군가의 도움이 반드시 필요하다는 점이다.

긴 시간 동안 변함없는 사랑으로 나를 돌봐주시는 어머니의 손길에도 불구하고, 장애를 입은 지 12~13년이 되었을 때 나는 수시로 중환자실(ICU)을 방문해야 했다. 너무나도 힘든 시간을 보내던 그때는 하루라도 빨리 하나님께서 나를 주님 곁으로 데려가주시기만을 간절히 바랄 뿐이었다.

그러던 중, 하나님께서는 준비해두신 친구들을 하나둘 붙여주기 시작하셨다. 영적으로 격려해주는 신실한 친구 목사님을 보내주셨고, 하늘의 소명에 따라 나의 마비된 육신을 보살펴줄 개인 간호사님을 보내주셨다. 요양원에서 일하는 직원이 아니라, 다른 큰 대학병원에서 일하는 간호사님을 봉사자로 보내주신 것이다. 바쁜 일손으로 요양원에서 충분히 돌봐지지 않는 나의 건강 상태를 돌보기 위해 하나님이 보내주신 것 같다.

2, 3년을 넘기기 힘들다는 의사들의 말을 뒤로하고, 상태는 조금씩 호전되어갔다. 중환자실에 출입하는 횟수가 줄어들면서 나는 특수 장치가 달린 컴퓨터를 통해 세상의 이런저런 소식들을 접할 수 있게 되었다.

6, 7년 전 어머니의 지인을 통해서 경희사이버대학을 소개받았다. '과연 내가 할 수 있을까?' 의심 반 기대 반으로 오랜 시간 접어두었던 학업을 다시 시작하였다. 학업을 시작하면서 느린 속도이지만 성경을 한 자 한 자 쓰기 시작하였고, 졸업하면서 신약을 마무리할 수 있었다. 지금은 구약성경을 계속 이어서 쓰고 있는 중이다. 수시로 변하는 몸의 상태로 힘든 고비가 몇 번 있었지만,

하나님께서 공급해주시는 은혜로 제때에 학업을 마칠 수 있었다.

대학 공부를 마쳐갈 즈음, '하나님께서는 못하실 일이 없다'는 믿음이 생기기 시작하였고, 2년 전부터는 감히 어떻게든 하나님께 쓰임받게 해달라고까지 기도하기 시작했다. 그리고 나를 마비로부터 일으켜 세우셔서 사용해달라고 감히 기도해오고 있다.

2015년 7월부터는 월드미션신학대학원 과정을 시작하여, 비록 서투르고 느리지만 하나님께 쓰임받기 원하는 마음으로 한 자 한 자 배워가고 있다. 놀라운 사실 하나는, 나는 아직까지 목사도 선교사도 아니지만, 하나님께서는 여러 선교사님 친구들을 연결시켜주셔서 도전받고 훈련받으며 하루하루 지내게 해주신다는 것이다.

다음의 성경 구절들은 내가 가장 약할 때 주님께서 주신 말씀, 그리고 나를 일으켜 세우시기 위해 격려해주시는 말씀이다.

두려워 말라. 내가 너와 함께함이니라(이사야 41:10).

믿음이 없이는 기쁘시게 못하나니 하나님께 나아가는 자는 반드시 그가 계신 것과 또한 그가 자기를 찾는 자들에게 상 주시는 이심을 믿어야 할지니라(히브리서 11:6).

한 번도 상상하지 못했고 원하지도 않았던 장애인의 삶. 너무 힘들어 주저앉고 싶을 때 나의 빈 잔을 가득 채워주시는 분, 나의 사랑, 나의 힘이 되어주신 주님, 오직 그분만 내 뜻과 정성 다해 찬양하며, 한걸음씩 주님께 다가가겠다. 그동안 주님이 나에게 베푸셨던 은혜를, 선교사 친구와 이메일로 나누었던 이야기들을 모아 이제 책으로 만들어 내보이려 한다. 이 글을 읽어갈 한 분 한 분의 삶에도 내게 찾아와 일하고 계신 하나님의 임재와 섬세한 사랑, 은혜의 손길이 함께하길 기도한다.

이제 내가 해야 할 일은 다한 것 같다. 처음부터 도와주신 간호사님, 친구 박수민 선교사님, 글이 부드러워지도록 감수해주신 강민경 작가님, 우리 '사랑 나누기' 가족분들, 그리고 지난 10년간 교회 장애인용 밴으로 차량봉사를 해주셔서 나 같은 사람도 예배에 참석할 수 있게 도와주신 이근식, 김캐빈 집사님들, 월드미션신대원 사무실에서 조금이라도 내게 도움 되는 것이 없을까 하여 사랑의 눈으로 나의 모든 활동을 확인하고 도와주시는 김박선미 전도사님, 지난 2년간 한 주에 두 번씩 내 머리를 감겨주시고 면도를 도맡아 해주신 이수영 집사님, 세계 곳곳에 선교를 다니시는 바쁜 중에도 1년에 한두 번은 꼭 찾아오셔서 위로의 말씀을 주고 가시는 다니엘 김 선교사님, 좋은 가르침과 격려로 우리를 끌어오신 남종성 교수님과 백신종 목사님, 그리고 내가 학업을 지속할 수 있게 숨어서 도와주시는 많은 분들에게 이 지면을 통해 감사를 전한다.

하늘나라 가는 길, 나를 부축하며 힘든 길 동행하여주셔서 감사합니다!

　같이 걸어가시는 모든 분들과 함께 모든 영광을 하나님께 올립니다. 아멘!

미국 메릴랜드에서
윤석언

내 친구 석언이

내 친구 석언이의 이야기는 다른 병상의 일기와는 다르다. 모음 하나와 자음 하나를 어렵게 조합해가는 친구의 글쓰기는 생명을 드리는 과정이며, 생명 나눔 자체이다. 지난 2년간 나는 친구와 2천 회가 넘는 이메일 대화를 주고받으며, 친구가 천국을 보았다거나 마비된 전신의 신경이 되살아났다는 체험을 이야기하는 걸 들어본 적이 없다. 그런데 친구의 평범한 하루하루 중에, 하나님을 찬양하며 감사하고, 하나님의 사랑에 감격하고 진리를 깨달으며, 환희와 감격을 느끼는 모습을 보면서 하나님의 특별한 사랑과 비범한 은혜를 느낄 수 있었다.

전신마비 장애인으로 침상에 누워 있는 친구에 비하자면 나는 신체적으로는 멀쩡한 비장애인이다. 하지만 친구는 나보다 훨씬 깊고 넓으며, 성숙하고 충만한 은혜와 진리의 세계에서 살아간다.

23

친구를 통해 가정, 직장, 선교의 사역에서 감사하는 법을 배우고, 배려하는 법을 터득하며, 하나님을 찬양하며 하나님께 영광 돌리는 법을 알아간다. 가장 평범한 삶 속에 하나님의 놀라운 은혜와 비범한 사랑이 깃들어 있음을 깨닫곤 한다.

나는 평범한 직장인으로서 자비량으로 현지 대학생들에게 복음을 전하는 선교사이다. 여러 시간적 제약이 있지만, 친구의 평범하면서도 특별한 삶의 나눔에서 용기를 얻어, 함께 갈릴리 들녘에 서보기로 마음먹었다. 친구와 매일 동행하시는 하나님의 손길과 은혜가 어떻게 인생의 한계, 슬픔, 어려움을 이겨나갈 용기와 감사함을 주는지에 대한 이야기를 나누고 싶다. 그러면서 사랑하는 이웃을 위한 작은 오병이어를 찾아, 주님께 드리기로 했다. 우리 자신이 오병이어 같은 작은 존재들이고, 또 어느 누구든 오병이어 정도는 찾아서 주님 앞에 나올 수 있겠다는 믿음에 용기를 낸다.

주님이 축복해주시는 열매들이 있다면, 고난받는 이웃들을 위한 구제와 선교를 위해 온전하게 쓰이는 오병이어가 될 것이다. 나는 석언 친구와 하늘 동행을 하고 있어서 오늘도 이 땅에서 흥겨운 걸음을 걷고 있는 중이다.

폴란드 바르샤바에서
박수민

1

병상일기

이사야 41장 10절

내일이 없는 것 같았다
어제도 있고 오늘도 있었지만
내일은 없는 것 같았다

자고 나면 내일이겠지
하면서도 오늘이었다
무거운 손, 마음대로 먹지도 마시지도
숨도 제대로 못 쉬는 나는
내일이 없는 것 같았다

"두려워 말라. 내가 너와 함께함이니라."

이제 나는 손도 조금은 움직일 수 있고
먹을 수 있고 마실 수 있고
주님께 영광을 드릴 수 있을 정도로
조금씩 조금씩 나아간다

"놀라지 말라. 나는 네 하나님이 됨이니라.
내가 너를 굳세게 하리라."

독수리 타법

 전신마비 장애인인 내가 어떻게 컴퓨터를 쓰는지, 나의 컴퓨터 쓰는 방법, '독수리 타법'을 설명하려 한다. 지금 내가 사용하고 있는 것은 장애인용으로 개발된 프로그램으로, 손을 사용하지 않고 컴퓨터를 사용할 수 있게 해준다.

 나는 손을 쓰는 대신 특수 스티커를 붙인 안경을 끼고 컴퓨터를 사용하고 있다. 컴퓨터를 사용하려면, 누군가가 나의 컴퓨터를 켜주어야 하고, 침대에서 최대한 앉은 상태에 가까워지도록 내 머리를 세워주어야 한다. 그리고 특수 스티커를 붙인 안경을 씌우고 침대를 최대한 컴퓨터에 가깝게 붙여줘야, 비로소 컴퓨터를 사용할 수 있다.

 정전이 되거나, 화면이 꺼지거나 정지되기라도 하면, 누군가 올 때까지 가만히 기다려야 한다. 그 외에 할 수 있는 일이라곤 없다.

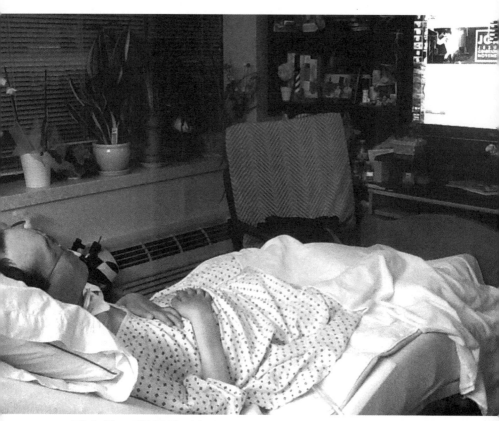

독수리 타법으로 컴퓨터를 치는 나의 모습

모니터 구석에 'On-Screen Keyboard'(자판 사용)라는 문구가 떠 있고, 커서가 움직일 때는 타이핑이 안 되고, 자판의 원하는 문자에 1초 동안 커서를 정지시켜두면 입력되는 프로그램이다.

그러니 'ㅇ, ㅏ, ㄴ, ㄴ, ㅕ, ㅇ, ㅎ, ㅏ, ㅅ, ㅔ, ㅇ, ㅛ' 한 자음과 모음마다 1초씩 시간을 들여가며 자판을 쳐야 한다. 일반 독자가 컴퓨터를 사용할 때보다 10배, 아니 100배 정도 느린 속도라고 보면 된다. 컴퓨터를 사용한 지 오래되었건만, 속도는 여전히 왕초보다.

낮은 혈압과의 싸움

누군가 내게 물었다.

"신학 공부하는 데 무엇이 제일 어려우세요? 등록금? 독서? 신학적 지식?"

내가 공부하는 데 제일 어려운 건 낮은 혈압이다. 그것도 아주 낮은 혈압. 정상 혈압이 120/80인데, 나의 평균 혈압은 70/50이고 낮을 때는 이보다 더 떨어진다. 가끔씩 혈압을 재는 기계에서 "뚜우우우" 하는 소리가 난다. 환자가 죽었다는 신호음이다. 나는 아직 살아 숨 쉬고 있는데도 혈압이 너무 낮아 기계가 측정을 못하는 것이다.

25년 넘게 침대에서만 생활하다 보니, 종이처럼 얇아진 심장 근육은, 혈액을 온몸으로 제대로 펌프질해 보내지 못한다.

아침마다 일어나 컴퓨터 앞에 앉자마자 하는 일이 바로 낮은 혈압과의 싸움이다. 이제는 어떤 혈압약도 듣지 않는다. 한동안은 허옇게 된 얼굴로 멍하니 앉아만 있는다. 눈앞도 뿌옇기만 할 뿐 아무것도 보이지 않는다.

며칠 전 하루 종일 많이 어지러웠다. 제출해야 할 학교 과제는 많은데 앞은 잘 보이지 않고, 속도 메스꺼웠다. 누군가가 수시로 나의 다리를 흔들어주면 잠시 혈압이 올라가지만 24시간 이렇게 해줄 사람이 어디 있겠는가?

어머니가 오셔서 저녁밥을 먹여주실 때도, 다리를 최대한 올리고 머리는 아주 낮게 해서 먹여주신다. 처음 본 사람들은 그런 자세로 음식이 넘어가느냐고 걱정하신다.

어머니가 저녁을 먹여주고 가시자 더 어지러워졌다. 간호사님이 오실 때까지 다리는 올려놓고 머리를 최대한 내려놓고 있었다. 간호사님은 들어오면서 나의 상태를 한눈에 알아보고는 가방을 내려놓자마자 나의 다리와 배를 흔들어주기 시작했다.

내 얼굴색이 약간 돌아오자, 간호사님이 입을 열었다.

"하나님, 참 좋으시죠?"

"?"

어지러워 머리가 깨질 것 같은 나에게, 간호사님이 뜬금없이 하나님이 참 좋으시다고 말씀하시는 것이다. 나도 그 말에 전적으로 동의는 하지만, 지금 상태에서는 그분의 도움이 필요하니 함께 기도하자고 해야 하는 것 아닌가?

"이렇게 심장이 약한데 지난 1년 동안 한 번도 병원에 가지 않았잖아요. 우리 하나님, 참 좋으세요! 우리 감사 찬양해요!"

늦은 저녁, 조용한 요양원 방에 찬양이 흘렀다. 목소리가 거의 나오지도 않는 나는 입만 뻐끔거리며 함께 찬양을 불렀다. 손영진 사모님의 〈광야를 지날 때〉, 김명식의 〈예수 예수 예수〉 등등.

작년 이맘때 쓴 글을 오늘 다시 읽어보았다. 오직 예수님만 내 가슴에 모시고 있다면, 건강해지는 것, 신학교를 졸업하는 것, 건강한 육체로 복음을 증거하는 것, 이런 것과는 비교할 수 없는 진정한 평안과 기쁨을 소유할 수 있다는 것을 되새겨봤다.

추수감사절 저녁

올해도 변함없이 감사의 계절이 돌아왔다. 1년 365일이 감사의 제목들로 가득 채워져 있는 삶이지만, 이 특별한 날을 맞이하여 더 감사하게 되는 듯하다.

늘 다른 사람 도움으로 하루하루 이어져가는 나의 삶에 뭐가 그리 감사한 게 있겠냐고 하시는 분들도 계시겠지만, 어젯저녁에 나의 삶에 생각보다 감사할 것들이 훨씬 더 많다는 걸 다시 한 번 깨달았다.

간호사님은 나를 돕는 일을 마치면 항상 함께 기도를 하고 가신다. 어제는 얼굴 닦을 수건을 뜨거운 물에 적시러 가면서 갑자기 이런 말씀을 하셨다.

"오늘은 기도 전 감사제목을 10개씩 나누겠습니다. 수건 빨아

올 때까지 감사제목 10개 준비해주세요."

"?"

감사제목을 준비하라는 갑작스런 명령(?)에 나의 두뇌 회전 속도가 갑자기 빨라졌다. 어제는 간호사님이 왜 그렇게 빨리 수건을 빨아 오는 것 같은지.

간호사님이 얼굴을 닦으며 말했다.

"감사제목 10개는 식은 죽 먹기죠? 20개로 할까요?"

"?"

얼굴을 다 닦은 뒤 베개의 방향을 다시 한 번 바꾸고, 몸을 잠자는 방향으로 돌려준 다음, 간호사님은 아예 의자를 가져다 내 얼굴 앞에 앉았다.

"자! 감사제목 하나씩 나누겠습니다."

아직 10개의 감사제목이 준비되지 않은 나는 이렇게 대답했다.

"간호사님 먼저 시작하겠습니다. 하하하!"

간호사님과 나는 감사제목을 한 번에 하나씩 돌아가면서 나누기 시작했다. 처음에는 얼른 떠오르지 않았던 제목들이 나눌수록 더 떠올랐다.

1. 지난 1년 동안 병원에 한 번도 가지 않았음을

2. 부모님과 동생 식구들이 건강하게 지낼 수 있었음을

3. 폐렴 없이 숨을 편히 쉴 수 있음을

4. 공부하는 동안 심한 욕창으로 고생하지 않음을

5. 입으로 먹고 마실 수 있음을

6. 신학공부를 통해 훌륭한 신앙의 친구들을 만나 교제할 수 있
   게 하심을

7. 이 큰 머리로 학업을 열심히 좇아갈 수 있는 열정을 유지시켜
   주심을

8. 부양해야 할 자식이 없고, 잔소리하는 아내가 없음을

9. 주일마다 교회에 가서 예배 드릴 수 있음을

10. 이러한 삶을 유지하기 위해 수많은 하나님의 천사들을 삶
    속에 보내주심을

10개를 다 나누고도 몇 가지 더 나눌 수 있었다.

오늘, 추수감사절을 맞이하여 또 하나님께 감사드린다. 바쁜 명
절인데도 나를 찾아와서 깨끗하게 면도까지 해주고 간 동생과, 쉬
는 날에도 변함없이 와서 나의 대장관리를 해주고 칠면조와 그레
이비 대신에 맛있는 양념 치킨과 아이스크림을 사 주신 간호사님
을 생각하며 하나님 아버지께 많은 감사를 올려드리는 땡스기빙
데이(Thanksgiving Day) 저녁이다.

12년 전 12월
(2017년을 시작하며)

12년 전 나는 중환자실에 있었다. 남들은 평생 한 번 갈까 말까 하는 중환자실이 내게는 심심하면 가는 곳이 되었다. 그곳에서 일하는 간호사들 거의 모두가 나의 이름을 알 정도로, 이제 중환자실은 나의 제2의 집 같은 곳이다.

크리스토퍼 리브라는 분이 있다. 내가 사고를 당하고 4년 뒤인 1995년에 나와 거의 비슷한 장애를 가지게 되었고, 내가 심하게 아팠던 그해 2004년 10월에 생을 마감한 미국의 유명한 영화배우다.

그해 12월, 내가 중환자실에 있을 때 의사들은 나의 상태로는 13년을 지내온 것도 놀라운 기적이라며, 앞으로 2년 정도 더 살수 있을 것이라고 했다. 나는 그 당시 전신마비로 살아가는 데 점점 지쳐가고 있을 때였던 터라, 잘됐다 싶기도 해서, 동생을 불러

장기기증과 시신기증 서류에 사인을 해달라고 했다. 그리고 호흡기 착용을 하지 않고 심폐소생술도 하지 않기로 했다. 어머님의 극심한 만류에도 불구하고, 서명을 했다.

당시 의사들의 소견대로라면 지금 나는 천국에서 자유로운 몸으로 신나게 돌아다니고 있어야 되는데, 아직도 이 땅에서 숨 쉬고 있는 걸 보면, 나에게 맡겨진 사명이 끝나지 않았나 보다.

12년이라는 세월을 함께 동행해준 하나님의 천사들과의 만남은 생각할수록 소중하다. 새해 첫날부터, 주일예배에 나를 데려가고, 점심을 도와주고, 저녁 대장관리까지, 거의 12시간 중노동(?)을 한 간호사님의 말이 생각난다. 내가 너무너무 미안해하자 이렇게 말했다.

"희생을 두려워하면 순종을 못하죠. 순종을 못하면 그분의 사랑을 경험할 수가 없어요."

아! 그리고 보니 나를 2년만 돕기로 했던 간호사님이, 12년이 지난 지금, 아직까지 나를 돕고 있다.

예수님의 제자가 12명이었는데…. 뭔가 다 된 것도 같은데, 덤으로 얻은 삶도 13년째에 접어드는 이 새해 첫 달에, 하나님께서 펼쳐가실 새로운 일들을 기대하며 하나님을 의지한다.

휩쓸리는 세월

널싱홈
가을길 언덕으로
장마물살 내려가듯
햇살 바람에
낙엽 몰려 흐른다
빠져드는 영혼들
저려려니…

일순 두려움
휩쓸려 떠나는 세월

폭설

눈! 눈! 눈!

이곳 미 동부에 눈이 엄청 많이 왔다.

온 세상이 하얗게 눈으로 덮였다.

큰 저택도 작은 집들도, 새 집도 헌 집도, 모두가 고요함 속에 갇혔다. 그 고요함 속에 내가 누워 있는 널싱홈(이후 요양원으로 표기)은 더 고요했다. 눈 때문에 출근하지 못하는 요양원 직원이 많아서 나는 이틀째 세수를 못하고 지내야만 했다. 눈에 붙은 눈곱에 눈이 따가웠지만, 가뜩이나 분주한 요양원 직원들에게 나까지 고집 부리며 부탁할 수는 없었다. 그저 참고 견뎌야 했다.

교회에 가서 주일예배를 드릴 수도 없었다. 그런데 간호사님이 감사하게도 눈길을 헤치고 걸어서 요양원으로 와주셨다. 덕분에 주일 저녁인 지금, 나는 얼굴이 번쩍번쩍, 이도 번쩍번쩍해질 수 있었다.

　잠시 홀로 생각해봤다. 나와 비슷한 처지에 있거나 혹은 더 힘든 상황에서 살아가는 수많은 내 이웃의 고통과 아픔에 대해. 그리고 이 세상에 진정한 예수님의 제자들이 늘어난다면, 힘들게 살아가는 수많은 형제 자매들에게 조금 더 편한 세상이 주어지지 않을까 하는 생각.

　꼭 그런 세상이 되길 기도해본다.

폭설 풍경. 2016년 1월

웃기고도 슬픈 이야기 1

전신이 마비되면, 마비된 곳을 움직일 수 없을 뿐 아니라 마비된 부분은 어떤 감각도 느낄 수가 없다. 하지만 목 이하로 감각이 전혀 없는 나는 몸 바깥에서 만지거나 때리는 것은 전혀 느끼지 못하는데 미안하게도 배고픈 것과 변을 보고 싶은 느낌은 여전히 느낀다. 그러니 가스가 차는 것도 당연히 느낌으로 안다. 하지만 근육 조절 능력이 전혀 없기 때문에 배출하는 타이밍이 나의 의사와는 다를 때가 종종 있다.

어제는 일주일에 한 번씩 방문하셔서 기도해주시는 여 전도사님이 오셨다. 요즈음은 목소리도 거의 나오지 않는 나에게 자꾸 기도 인도를 하라고 하신다.

목 앞에 구멍이 뚫려 있는 나는, 한마디 하려면 (마치 산 위에서 '야호' 할 때처럼) 온 힘을 다해서 소리를 질러야 겨우 작은 목소리가 기어 나온다.

기도를 잘하지는 못하지만, 들으시는 분을 위해서 젖 먹던 힘까지 다해서 한마디 한마디 기도를 하기 시작했다. 그런데 들리기를 바라며 기도하는 나의 목소리는 나오지 않고, 전혀 반갑지 않은 방귀가 팡파레를 불며 나오는 것이 아닌가?

으아! 민망하게….

성령님, 기도할 때만이라도 저의 괄약근 좀 어떻게 안 될까요?^^

웃기고도 슬픈 이야기 2

혹시 감기에 걸리거나 몸살이 나서, 아니면 수술을 받게 되어 침대에 하루 종일 누워본 경험이 있을지 모르겠다. 몸이 쑤셔서 일정 시간 이상은 잠을 못 주무시는 분들도 더러는 있는 줄 안다.

나는 주일 교회에 가기 위해 휠체어에 앉을 때 말고는 하루 종일, 말 그대로 24시간을 침대에 누워 지낸다. 욕창을 방지하기 위해 두세 시간마다 몸을 돌려야 하지만, 그 또한 요양원 직원들이 충분할 때나 가능한 일이다. 그래서 한번 욕창이 생기면 정말 낫기 힘들다. 생기지 않도록 하는 것이 최선일밖에.

그런데 엉덩이 못지않게 위험한 부분이 머리다. 특히 뒤통수. 하루 종일 두꺼운 베개를 머리에 붙이고 있다고 상상해보라. 컴퓨터를 쓸 때도 침대 머리의 각도가 올라갈 뿐 나의 뒤통수는 여전히 베개에 따악 달라붙어 있다.

나는 목에 힘이 없기 때문에 머리를 좌우로 흔들 수는 있어도 들 수는 없다. 뒤통수에 바람이 들어갈 수 있는 시간은 몸을 돌릴 때의 아주 짧은 순간이나, 누군가가 무거운(머리에 든 게 많아서^^) 내 머리를 들고 빗으로 빗어줄 때뿐이다. 그래서 내 머리 뒤통수와 제비초리 부분은 언제나 좁쌀만 한 뾰루지가 두둘두둘 나 있다. 늘 머리가 가렵지만, 진짜 못 견디도록 가려울 때는, 온 힘을 다해 머리를 좌우로 베개에 비벼댄다. 그러면 베개는 순식간에 피 밭으로 변한다. 어머니가 저녁밥을 먹여주러 오시거나 나를 방문하는 간호사님이 오시면, 제일 먼저 부탁하는 일이 베개를 뒤집고 머리를 긁어달라고 하는 것이다. 특히 머리를 감기 전날이 제일 가렵다.

하루는 머리 감기 전날, 너무 가려워서 저녁을 주고 가시는 어머니께 머리를 긁어달라고 했다. 조금 시원해졌나 했는데, 간호사님이 퇴근 후 늦게 나의 소변 백을 갈아주러 오셨을 때는 이전보다 더 심하게 가려워졌다. 송곳이 있었으면 빠악빠악 긁고 싶은 심정이었다. 들어오는 간호사님께 나오지도 않는 목소리로, 머리부터 긁어달라고 했다.

이두박근이 잘 발달된(?) 간호사님은 나의 무거운 머리통을 한 손으로 들어 올리고, 다른 한 손으로는 베개를 순식간에 돌린 뒤 베개 위에 타월을 한 장 깔았다. (빗으로 내 뒤통수를 긁으면 아무리 조심해서 긁어도 늘 피가 나기 때문이다.) 그날은 얼마나 가려웠던지 간호사님

팔이 아픈 줄 알면서도 계속 긁어달라고 했다.

그런데 너무나 시원한 나머지 나도 모르게 입에서 침이 나오는
게 아닌가.

"후르릅 쩝쩝…"

침을 삼키고 있는데 간호사님이 물었다.

"뭐 먹어요? 아니, 치사하게 혼자 몰래 먹기예요?"

아, 왕창피! 왜 나는 시원하면 침부터 나오는지….

그날, 나는 졸지에 치사한 놈이 되고 말았다.

웃기고도 슬픈 이야기 3

여기 메릴랜드는 지난 주일 엄청 더웠다. 교회 갔다 오는 길에 본의 아니게 공원에 가서 고기를 구워 먹고 오게 되었다. 장애인 밴을 운전하시는 집사님이 속한 구역모임이 3부 예배 후에 있었다. 나와 간호사님과 다른 장애인 형님을 요양원에 데려다주고 가시면, 늘 구역예배 모임에 늦으시는 듯했다. 집사님은 주일예배 마치고 구역 식구 소풍이 있다는 말씀과 함께, 같이 들렀다 가지 않겠냐고 물으셨다.

먼저 우리를 데려다달라고 말씀드리면 이번 구역모임에 또 늦으실 것 같기도 하고, 소풍을 가보고 싶기도 해서 그렇게 하시라고 했다. 예배를 마치자마자 우리들은 집사님 구역 소풍에 참여하게 되었다.

사실 봉사를 하다 보면, 원하는 모임에 제대로 참석하지 못하는 경우도 많이 있다. 예를 들면, 나를 돕는 간호사님은 나를 데리고 다니셔야 하기 때문에, 벧엘교회에 출석하기 시작한 지는 11년이 넘었지만 아직 새신자 등록반 수료도 못했다. 오전에 와서 나를 준비시켜 가야 하고, 예배를 마치자마자 나와 다른 장애인 형님을 요양원으로 바로 데려와야 하기 때문에, 다른 성도들과의 교제 시간을 갖기 어려운 것은 물론이고, 나를 도와주는 일을 마치는 서너 시까지는 어떤 모임에도 참석이 어렵다. 사실 찬양은 물론이고 다른 영역에서도 많은 일을 하실 수 있는 분이지만.

거의 2년 만에 공원에 가는 터라 조금은 기분도 좋았고, 요양원 방 안에서는 불가능한, 구운 고기를 그 자리에서 먹을 수 있는 기회라는 생각으로 마음이 부풀어 있었다.

그런데 고기만 먹은 게 아니었다. 고기를 굽는 온도보다 더 뜨거운 더위도 엄청 먹었다. 문제는 나는 체온이 올라가도 땀을 흘리지 못한다는 것이다. 부럽다면 오산이다. 나는 마비된 목 아래쪽으로는 몸의 온도가 올라가도 땀이 나질 않고, 땀을 못 흘리기 때문에 체내의 열이 제대로 배출되지 않아서 아주 고생을 한다.

맛있는 고기를 먹는 것만큼, 몸의 온도가 점점 올라갔다. 혈압은 뚝 떨어져 바닥을 치고 숨쉬기조차 어려워지면서, 고기를 먹었는지 바비큐 숯불이 내 배에 들어왔는지 모를 정도로 힘들었다.

간호사님이 가져간 혈압 약도 먹고, 가래를 뽑아줄 석션 기계도

가져갔지만, 으흐흑, 결국 반 기절 상태로 눈도 못 뜨고 간호사님한테 끌려 요양원으로 되돌아와야 했다. 오자마자 에어컨에 선풍기까지 켜고, 응급조치로 알코올로 얼굴과 팔을 닦고, 얼음을 입에 물고 있었다.

간호사님도 너무 지친 상태셔서 돌아가시게 하고는, 방 안에 불을 끄고 어머니가 저녁을 주러 오실 때까지 그렇게 누워 있었다.

얼마나 시간이 지났을까. 어머니가 오셨을 때 내 입에서 튀어나온 말.

"엄마, 저 오늘 더위 먹었더니… 얼어 죽을 것 같아요."

"?…!"

나의 마비된 몸은 한번 내려간 체온을 올리는 데도 엄청 긴 시간이 필요하다.

갈렙 장군과 함께 먹는 아이스크림

　며칠 전 한창 더운 날, 평소처럼 나의 욕창 및 대소변 관리를 도와주기 위해 간호사님이 찾아왔다. 요양원 직원들이 있지만, 나의 필요한 부분들을 다 채우기에는 많이 부족하다.

　13년 전 간호사님이 오기 전에는, 어머니가 저녁 주러 오셨을 때를 빼면 나의 침대는 늘 젖어 있었고, 나는 방광염이나 폐렴으로 수시로 병원에 실려 가야 했다. 간호사님이 오신 후로 많은 것이 좋아졌다. 간호사님이 나를 돕는 것에 관한 이야기는 밤을 새워 해도 부족할 정도로 많다. 그러나 특정 인물을 칭찬하거나 높이려는 건 아니고, 오늘은 다른 이야기를 하려고 한다.

　그날은 밝은 미소와 함께 들어오셨다. 대학병원 신경외과에서 2교대로 12~13시간을 근무하고 퇴근하면서 내게 들를 때의 간호사님 얼굴은, 아무리 웃고 있어도 피곤이 훤하게 보인다. 그런데 그날은 당직 스케줄이 취소되어 도서관에 있다 왔노라고 하며, 피곤이 묻어 있지 않은 그야말로 환한 미소를 지었다.

더운 날씨에 최고의 피서지인 도서관에서 하루 종일 말씀을 읽다가, 교회에 들러 기도하고 오는 길이라며, 요양원에서 먹기 힘든 고향의 아이스크림 하드를 사 오셨다. 간호사님은 한자리에서 30~40장씩 말씀을 읽는 것 같다. 아이스크림을 먹이면서 신학대학원생을 향한 격려의 잔소리가 시작되었다.

"오늘은 어떻게 보내셨어요?"

"성경은 많이 보셨어요?"

"평신도들도 하루 10장 이상 말씀을 읽어야 된다는데, 신대원생들은 최소 20장은 읽으셔야겠네요."

(흥! 간호사님도 출근하는 날은 나처럼 꾸준히 보지도 못하면서. 부담스럽게.)

이야기는 계속되었다.

"구약성경의 갈렙 알아요? 오늘은 갈렙 이야기를 나누고 싶은데…"

우리는 갈렙과 여호수아와 같은 믿음을 가져야 한다고, 새 땅을 정찰하고 와서 두려움에 떨었던 다른 사람들처럼, 눈에 보이는 현실로 두려워하지 말아야 한다고 하면서 간호사님은 계속 이야기를 이어갔다. 그동안 수많은 기적을 보여주신 하나님을 끝까지 신뢰하고, 나사렛 예수님이 채찍에 맞음으로, 전신마비 장애를 포함한 문제를 승리로 해결해가실 그분을 향한 변함없는 믿음을 가져야 한다고 했다.

사실, 그때 깜짝 놀랐다. 먹던 아이스크림을 통째로 그냥 삼킬 뻔했다. 하루에 두어 시간씩 '독수리 타법'으로 성경을 치고 있는 내가 그날 썼던 말씀이 바로 민수기였던 것이다.

"그거 민수기 14장인데… 나도 오늘 그거 썼는데…."

"그럼 그들이 며칠 동안 새 땅을 정찰하고 왔는지 알겠네요?"

민수기를 함께 읽은 감동을 나누고 싶어 힘껏 이야기를 나누었다. 신기했다. 성경은 신구약 합쳐서 권수로 66권이고, 장수로는 1,189장(구약 929장, 신약 260장)이라는데, 어째서 오늘 약속이라도 한 것처럼 같은 장을 읽었던 것일까? 이것을 확률로 따져야 하나? 아니면 성령님의 말씀으로 받아들여야 하나? 아주 잠깐 동안 생각에 잠겼다.

사실 욕창이 완전히 나은 것이 아니라서, 컴퓨터를 오래 쓸 때마다 불안불안했고, 불안해하면서 다음 학기를 준비해야 하는 마음도 무거웠었다. 긴 세월을 나 때문에 힘들게 보내고 있는 간호사님의 건강도 좋지 않은 상태라, 도움을 받는 사람으로서 너무나 감사하지만, 미안함과 안타까움으로 마음이 점점 무거워져가고 있었다. 하나님을 신뢰한다고 하면서도 현실에 내가 기대하는 확실한 응답이 나타나지 않아서 조금씩 낙심이 되어가고 있는 중이었다.

사람은 속여도 하나님은 속일 수 없는 것 같다. 간호사님을 통해서 하나님을 더 깊이, 확실히 '신뢰'하라고 성령님께서 말씀하시는 듯했다.

어느 더운 여름 저녁 날, 하나님은 나를 다시 한 번 격려해주셨다. 갈렙과 아이스크림으로!

숟가락의 용도

꠸

숟가락을 어디에 쓰시는지? 숟가락의 창조 목적은 밥이나 국을 떠먹는 것이다. 뭐, 숟가락으로 병을 따는 분들도 종종 있는 것 같지만.

오늘도 머리가 너무 가려웠다. 오늘 저녁에도 내 배에 있는 소변 백을 갈아주러 들어오는 간호사님께, 잘 나오지 않는 목소리로, "숟가락, 안 쓰는 숟가락"이라고 말을 했다. 간호사님은 얼른 안 쓰는 숟가락을 갖고 와 물었다.

"숟가락은 왜요?"

나는 대답 대신 휘익 하고 나의 큰 머리를 돌렸다. 조금은 황당해하는 모습으로, 간호사님은 더 이상 묻지도 않고 머리를 긁어주면서 말했다.

"간호대학에서는 숟가락으로 머리 긁어주는 건 안 가르쳐주던데…."

어~ 정말 시원했다! 그동안 여러 가지 도구로 긁어봤지만, 아! 숟가락이 최강이다.

숟가락의 본래 용도에는 어긋나 보이지만, 나도 숟가락처럼 누군가를 시원케 하는 삶을 살고 싶다.

비록 찌그러진 숟가락이겠지만, 오늘 내 머리를 긁었던 숟가락을 만드신 분께 감사드리고 싶다.

혹시 집에 안 쓰는 숟가락이 있다면 한번 긁어보시라.

주의! 이 숟가락을 실수로 밥상에 올렸다가는…!

Gifted Hands

벤저민 카슨 박사라는 분이 있다. 세계 최초로 샴쌍둥이 분리 수술을 성공시킨 의사로 유명한 분이다. 하나님께 받은 재능을 발견해서 개발하고 최선을 다해 그 재능을 많은 이들을 위해 사용한 의사다. 어젯저녁 '기프티드 핸즈(gifted hands)', 이 단어가 문득 생각났다. 이것은 벤저민 카슨의 자서전 제목이기도 하다.

나를 돕는 간호사님이 동생 결혼식 때문에 한국을 방문하고 돌아왔다. 공항에 도착하자마자 이수영 집사님의 SOS 연락을 받고, 짐 가방을 집에 놓고서는 곧바로 달려와주었다. 이수영 집사님은 2년 전부터 간호사님이 혼자 하던 일들을 나눠 나를 돕기 시작하신 분이다.

지난 2주 동안 이 집사님과 어머니의 정성 어린 도움으로 나의 모든 필요들이 채워지긴 했지만, 2퍼센트 부족한 부분은 어쩔 수 없었다.

집사님께서 간호사님께 전화하는 걸 들었다.

"자매님, 내가 배에 있는 소변 백(urostomy pouch)이랑 폴리 백 (foley bag) 교환이랑 면도, 머리 감기는 오늘 다 했어요(urostomy pouch는 방광 역할을 하는 곳이고, 여기에 연결해 소변을 모아놓을 수 있도록 하는 것이 foley bag이다). 근데 좌약(suppository)을 넣긴 했는데 아무래도 대변이 안 나오네요. 형제님이 힘드실 것 같은데, 혹시 도착했으면 한번 들러 확인해줄래요?"

전신이 마비된 몸으로 살아갈 때 많은 부분, 아니 거의 모든 점에서 도움을 받고 살아가지만, 그중 가장 힘든 것은 어지럼증과 내 의지로 대소변을 볼 수 없다는 것이다. 보통 좌약을 해야 변이 나온다. 그러나 배탈이 났을 때는 원하지 않아도 수시로 나오는 변을 제때에 치워주지 않아서, 혹은 오래 앉아 있거나 변비에 걸렸거나 하면 배에 가스가 가득 차서 너무나 힘든 시간을 보내야 한다.

배에 있는 소변 백은 3일에 한 번씩, 소변이 모이는 폴리 백은 일주일에 한 번씩은 바꿔주어야 한다.

간호사님은 장거리 비행으로 피곤한 몸인데도 밝은 얼굴로 와서 아무렇지도 않은 척, 막혀 있던 나의 대장을 시원하게 뚫어주고 깨끗이 치워주고 갔다.

비록 누구도 알아주지 않는 기술, 결코 유쾌하지 않은 재능이지만, 누군가의 삶의 질을 높여주기 위해 주저 없이 달려와서 가진 재능을 사용해준 간호사님의 손이 기프티드 핸즈라는 생각이 들었다.

지금은 나 혼자만 이 귀한 도움을 받고 살지만, 간호사님이 멀지 않은 시간에 더 많은 사람들에게 귀한 영향력을 끼치는 삶을 살아가시길 간절히 바라본다.

철인

"문제 해결을 믿는 것은 믿음이 아니다. 믿음은 최후의 날, 나에게 갚아주실 신실한 하나님을 신뢰하는 것이다."

"또 어떤 이들은 더 좋은 부활을 얻고자 하여 심한 고문을 받되 구차히 풀려나기를 원하지 아니하였으며"(히브리서 11:35).
_다니엘 김,《철인》중에서

예수님으로 인해 주어진 천국을 향한 소망에는 변함이 없지만, 육신의 고통이 커갈 때면 '힘들다'라는 생각이 나의 머릿속에 마구 침투해온다. 그날도 '힘들다…'라고 생각하고 있었는데, 나를 지난 수년 동안 하루도 빠짐없이 방문하시는 간호사님이《철인》이란 책을 들고 와서 읽어주셨다. 이 책에 관해서 들어보긴 했지만, 나는 누군가가 책을 사서 읽어주는 게 아니라면, 전자책이라야 읽을 수 있다. 그렇지 않으면 책을 읽기가 어렵다.

책 읽는 것을 듣고 있으면서, 다니엘 김 선교사가 나보다 나이가 어리지만 마치 든든한 큰형님 같다는 느낌이 들었다. 그 자리에 계시는 것만으로도 참 감사했다. 지금 나는 다니엘 김 선교사처럼 전 세계를 돌아다니며 복음을 전하지도 못하고, 다른 사람들처럼 집회에 참석해 손을 들어 찬양을 할 수도 없지만, 우리 각자의 삶을 통해 지금도 계획하시고 이루어가시는 하나님의 뜻이 분명히 있다고 믿는다. 그것이 어떤 것인지 구체적으로 알지는 못할지라도.

우주 만물을 창조하시고 지금도 나를 변함없이 사랑하시는 하나님이심을 믿기 때문에, 그분의 계획 안에 있는 삶이라면, 아무리 힘들어도 기쁘게 살아갈 수 있으리라 생각해본다. 더욱더 강한 철인으로 끝까지 살아가리라고 다시 한 번 다짐을 해보며, 다니엘 김 선교사의 헌신과 순종을 통해 하나님의 크고 깊으신 뜻이 오늘도 온전히 이루어지길 기도한다.

———

이 모든 일에 우리를 사랑하시는 이로 말미암아 우리가 넉넉히 이기느니라.
(로마서 8:37)

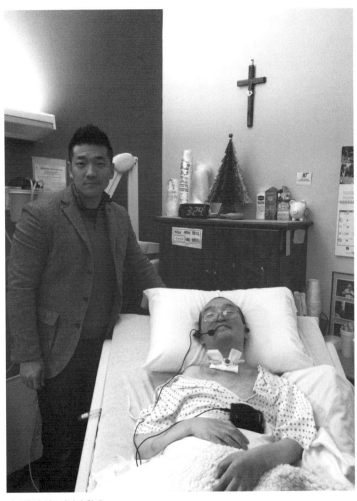

다니엘 김 선교사님과 함께

가슴에 온 십자가

이번 주일(2015년 10월 18일), 메릴랜드의 아침은 좀 추웠다. 나는 24시간 요양원 침대에 누워서 지내고, 일주일에 한 번 휠체어에 앉아 교회에 간다. 나를 돕기 위해 아침 일찍부터 와서 돕는 분들도 있는데, 날씨가 춥다고 하나님을 예배하는 주일을 건너뛸 수는 없는 노릇! 잠바에 담요까지 철저히 무장하여 두르고 주일예배에 다녀왔다. 조금 무리였는지 저녁에 미열이 있었고 호흡도 힘들어졌다. 밤에 산소 튜브를 코에 달고서야 겨우 잠이 들 수 있었다. 새벽 4시에 브리딩 트리트먼트(breathing treatment, 숨을 잘 쉴 수 있도록 약물을 기관지로 들이마시는 치료)도 해야 했다. 정확한 검사가 필요해서 새벽 6시에 피를 뽑고 8시에는 엑스레이도 찍었다. 그런데 검사를 하시던 분이 엑스레이에 십자가가 찍힌다고 나에게 엑스레이 사진을 찍을 동안 십자가를 빼라고 했다.

엑스레이 검사원이 혼자서 열심히 나의 몸을 돌려가며 찾았지만 아무것도 찾지 못하자, 결국 간호사 세 명을 호출하여 십자가를 찾아나섰다. 앞뒤로 몸을 다 뒤져보았지만, 차고 있지도 않은 십자가가 나올 리 만무했다. 두 번이나 찍어봐도 십자가가 보인다고 사진을 보여주며 이런 거 안 차고 있느냐고 반복해서 물었다. 내 눈으로 확인해보니 엑스레이 사진에 왼쪽 심장께에서 환한 은빛으로 빛나고 있는 금속의 작은 십자가가 보였다. 지금도 나는 왜 십자가가 내 가슴에 찍혔는지 모른다.

병상에 누워 지낸 지 24년. 약 2년 전부터 나의 치유를 위해 도와주시는 간호사님과 함께 기도해오고 있다. 어젯저녁에도 나의 가슴에 손을 얹고 예수님의 보혈의 능력을 선포하며 기도했었다.

왜 십자가가 찍혔는지 그분들은 궁금했겠지만, 나는 나의 가슴속에 새겨져 있는 십자가를 생각하니 기분이 좋아졌다. 성령님이 나와 함께하신다는 신호를 보는 행복한 하루였다.

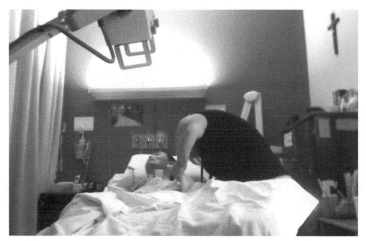

엑스레이에 자꾸 찍히는 십자가를 찾기 위해 엑스레이 기사가 나의 몸을 뒤지고 있다.
내 컴퓨터에 켜져 있던 카메라가 그날 이 모습을 담고 있었다.

내 친구, 나의 전사

폴란드에 사는 내 친구 선교사가 새벽 5시에 보낸 글이다. 사실 나는 몸에 근육도 탱탱한 허벅지도 없는, 뼈만 앙상하게 남은 전신장애인인데, 그래도 함께 나누고 싶어서 공개해본다.

친구 전사

주님이 나에게
어마어마한 전사를 붙여주셨습니다.
근육이 울퉁불퉁하고
허벅지는 구릿빛으로 탱탱하며
투구는 금빛으로 빛나고

온몸에 상처가 그리스도의 영광으로 빛나는

그런 전사를 붙여주셨습니다.

가슴에 십자가의 철심이 박혀 있고

고독한 천장을 천국으로 삼아버리는

어마어마한 전사를 붙여주셨습니다.

자기는 풋내기 전사라 했었는데

이젠 빈틈없는 완전 전사가 되어

수많은 허약한 영혼들 앞에 서 있습니다.

복 터진 세상에서 허약해진 영혼들이

이 전사 친구로 인해

아마 확실하게도

눈물을 찔끔거리고

오금 저리면서라도

주님 앞에 회개하면서 나올 겁니다.

아, 지금 폐렴이 없어도 전사인데

그놈의 폐렴이 주소를 잘못 찾아온 듯합니다.

주님, 이 친구 전사의 가슴속에 계시지요?

잘 부탁드립니다.

주님의 미소

2017년이 어제 시작된 것 같은데 벌써 2월이라니. 새 학기가 시작되고 조금 바빴다. 아니, 학교 공부가 바빴다기보다는 나의 몸이 심한 어지럼증에 허덕거리다, 이제야 조금 회복이 되고 있다. 오늘 폴란드에서 받은 시를 함께 나누려고 이렇게 고개를 끄덕끄덕(^^)하며 자판을 두드린다.

혈압약을 먹어도 올라가지 않는 혈압을 올리느라 수일째 자정이 넘도록 나의 다리를 흔들어주고 기도해주고 가시는 간호사님의 헌신에도 불구하고, 잠을 청하려 먹은 수면제도 아무런 효과가 없어 어지럼을 이기지 못하다가, 그렇게 "주님~"을 수만 번 외치다가, 아침에서야 잠깐 한 시간 정도 잠이 들었다 깨어났다. 그 쪽 잠이 하나님의 위로의 선물 같아서 깨고 나서는 감사드렸다.

어지럼의 강도는 점점 심해지는 것 같은데, 주님 곁으로 가기 전에 선교도 해보고 내가 할 수 있는 작은 일에라도 쓰임을 받고 싶은데, 너무 어지럽고 괴롭다 보니 그냥 빨리 데려가달라고 밤새 기도했다.

대서양 건너 사는 자비량 선교사 친구에게 이런 넋두리를 풀어서 부끄러웠는데, 오히려 격려해주는 시를 적어주었다. 힘을 더 내야겠다.

주님의 미소

친구는 하나님께 속히 천국으로 데려가달라고 기도한다
나는 하나님께 친구를 더 배워야 하니 좀 더 긴 시간을 달라고 기도한다

친구는 순수한 기도를 하고
나는 이기적인 기도를 한다

친구는 가난한 듯하나 부유하고
나는 부유한 듯하나 가난하다

친구는 온종일 누워 갇힌 듯하나 세계를 품고 기도하며

나는 멀쩡한 몸뚱어리를 가지고도 자기 세계 밖을 떠나려 하지 않
는다

친구는 고통 중에 신음하는 밤이라도 주님의 이름을 부르며 밤을 새
우지만
나는 멀쩡한 몸을 가지고도 주님 부르기에 인색하다

엇박자 속에서 우리를 얽어매는 줄은 그리스도의 십자가다
우린 언제나 십자가 주님의 사랑 안에서 영원한 우정을 말할 수 있다

엇박자 기도 속에서 서로를 그리워하면서 매일 만난다
주님이 보시면서 미소를 지으실밖에…
Good night!!!

오 빼기 삼은?

해마다 5월이 되면 어김없이 어버이주일이 다가온다. 교회에 도착해 장애인 밴에서 내리면, 늘 같은 곳에서 안내하시는 집사님들이 한결같이 사랑스런 인사를 한다.

올해 어버이주일에도 어김없이 "Happy Mother's day~!"라고 하시면서 카네이션을 갖다 안기다시피 내 가슴에 꽂아주었다. 내가 고개를 절레절레 흔들면서 아이가 없다고 해도, 막무가내로 가슴에 꽂아주었다. 하기야 나이로 보나 생김새로 보나 애가 고등학교를 다닐 나이이긴 하겠지만.^^ 작년에는 간호사님에게 꽂아주셔서 처녀 가슴에 못질을 하시더니만, 올해는 간호사님이 잽싸게 잠시 사라져버린 동안 내가 타깃이 되었다. 내가 결혼하지 않았다고 하자, 돌아온 간호사님을 보고서는 "그럼 친오빠세요?" 하고 묻는다. 아니라고 하자, 갑자기 우리 사이를 추측하는 온갖 오해의 눈길이 오가는 것이 느껴진다.

내가 지금 쓰고자 하는 글의 요점은, 영원한 삶과 하나님나라에 대한 확신이 있는 사람, 그리고 예수님 사랑의 깊이를 아는 사람만이 살아갈 수 있는 모습을, 단순히 멜로드라마에 나오는 주인공의 사랑 이야기로 해석하고 위로하려는 분들의 '오해'를 '이해'로 돌려드리고 싶다는 것이다.

간호사님이 나를 어떻게 돕는지 구체적인 이야기를 들은 사람들의 첫 번째 반응은 이렇다.

"요양원에서 그런 것들 다 해줘야 되는 거 아니에요?"

"왜 요양원 직원들을 시키지 굳이 힘들게 그러세요?"

"어이구, 형제를 사랑해서 시집도 안 가고 저렇게…."

이 외에도 많은 말들이 있는 것 같다.

함께 교회 가는 관철 형님도 나처럼 마비환자이지만, 상체를 조금은 움직일 수 있기 때문에 나처럼 혈압이 많이 낮지는 않다. 나는 누군가가 손으로 배나 다리를 틈이 날 때마다 흔들어주지 않으면 기절할 수도 있어서, 의자에 앉을 때는 반드시 누군가가 옆에서 나를 지켜봐야만 한다. 주일마다 예배 중간중간 끊임없이 곁눈질로 내 얼굴을 확인하고, 창호지처럼 하얗게 될 때면 잽싸게 다리나 배를 흔들며 예배를 드려야 한다. 한두 주일이 아닌, 12년이 넘도록 지속하는 이 일이 단순한 사랑으로 가능할까?

큰 대학병원에서 간호사로 근무하며 3주에 한 번씩은 주말에 의무근무를 해야 하는데도, 주일날은 나와 관철 형님을 돕기 위해 근무 일정을 바꾸면서까지 주일을 지켜오고 있다.

요양원에서 모든 것을 다 처리해주는 것이 당연하지만, 요양원에서 한 번이라도 지내보신 분이시라면 그 이상적인 상황이 현실에서 멀다는 것은 설명이 필요치 않을 것이다. 특히 나 같은 신체 조건은 끝임 없이 누군가의 도움을 필요로 하지만, 매일 저녁을 챙겨 오시는 어머니의 도움만으로는 그 필요를 채우기에 부족하다.

가래가 생길 때마다 해야 하는 석션 작업과 수시로 낮아지는 혈압과의 씨름도 힘들지만, 가장 힘든 것은 주기적으로 대소변 처리를 해야 하는 것이다. 열 번 중 아홉 번은 좌약을 넣지 않으면 대변을 볼 수 없으며, 그 또한 직접 손으로 빼주어야 시원하게 변을 본 것 같다. 그러나 요양원 직원들은 의사의 허락(order) 없이는 할 수 없다며, 나온 변도 한두 시간이 지나서야 치워줄까 말까 하는 형편이다.

10여 년 전에는 제대로 관리가 되지 않아서 극심한 변비로 응급실에 몇 번이나 실려갔고, 그 일을 여러 번 목격한 간호사님이 내 담당 의사에게 허락을 받고 지금까지 주기적으로 대변 관리를 해주고 있다. 매일, 말 그대로 매일, 눈이 오나 비가 오나, 몸이 아프거나 힘들거나, 시간이 있거나 없거나, 변함없이 와서 남의 대소변을 봐주는 일을 12년 동안 지속한다는 게 단순한 사랑이나 관심으로 가능할까? 당치도 않다고 본다.

맛있는 간식거리를 사 와서 웃으며 이야기하는 병문안이 아니다. 말 그대로 중노동, 그것도 병원에서 돈 받고 하는 그 이상의 노동을 무보수로 하는 것이다. 그것도 긴 세월 동안.

간호사님께 가끔 말한다.

"상급은 천국 가서 아버지께 받으세요! 오늘도 외상입니다!"

한국 드라마를 매일 묵상하시는 권사님들께서는, 나와 간호사님 사이를 마치 드라마에 나오는 주인공들처럼 해석해서 마구 시나리오들을 쏟아내시곤 한다.

감옥같이 마비된 몸 안에 갇혀서 살아가는 한 연약한 지체를 위해, 이런저런 오해의 소리를 들으면서도 자신의 삶의 많은 부분을 내려놓고 돕는 참 그리스도인. 내가 이렇게라도 이야기하지 않으면, 그러한 오해가 사실로 여겨질 수도 있겠다 싶어 이렇게 글소리를 크게 내본다.

예수님의 십자가 사랑을 진짜로 경험한 사람만이 할 수 있는, 그리고 영원한 삶과 하나님나라를 향한 확실한 소망이 있는 사람만 감당할 수 있는 이 외롭고 힘든 일들을, 이제는 말뿐이 아니라 삶과 행동으로 함께 나누기를 원하는, 그래서 어쩌면 이제 그 바통을 넘겨받을 형제 자매들이 더 많이 나타나길 바라는 것은 나의 이기적인 마음일까?

이 일을 위해 기도하고 있다.

어딘가에 나와 같은 처지에서 살아가고 있을 연약한 나의 형제 자매 친구들에게 간호사님과 같은 참 그리스도인들이 더 많이 있기를 기도해본다. 우리는 우리가 쓰고 있는 내 눈의 안경을 통해서만 사물을 관찰하려 하는 경향이 있다. 예수 그리스도의 안경을 쓰고 세상을 바라본다면 오해보다는 이해가 더 많은 삶이 되리라 생각해본다(5해-3번 생각=2해).

뒹굴뒹굴 이발소

한국에서 몇 년 전 유행하던 '융합기술'이란 말이 있다. 쉽게 말해서 기존에 있던 이 기술, 저 기술을 몽땅 합해놓은 기술이라 하겠다. 하나님 말씀이나 은혜 받은 이야기도 아니고 왜 엉뚱하게 융합기술이냐고 궁금해하는 사람도 있을 것이다. 융합기술 이야기를 읽다가 여러 가지 역할을 하는 나의 방이 떠올라 글을 써본다.

내 방은 침실도 되고, 학교도 되고, 식당도 되고, 기도실도 되고, 화장실도 된다. 그리고 한 가지 더 있다. 이발소도 된다. 이쯤 되면 최첨단 융합기술이 적용된 방이라 해도 되지 않을까?

다니엘 김 선교사님이 오셔서 찍은 사진에 내 얼굴이 작게 나온 이유가 여러 가지가 있겠지만, 내 생각에는 꽤 짧게 자른 머리스타일도 한몫을 한 것 같다.

심한 어지럼증 때문에, 컴퓨터 사용할 때를 제외하고는 늘 머리를 낮추고 생활하는 나는 이발소에 가서 머리 깎는 것이 거의 불가능하다. 머리를 다 깎을 때까지 앉아 있지도 못하거니와, 이발하시는 분이 내 혈압이 떨어질 때마다 수시로 배나 다리를 흔들어 줘야 하고, 잘린 머리카락이 내 목 앞에 뚫려 있는 구멍으로 들어가지 않도록 조심해서 깎아야 하고, 다 깎은 뒤에는 깨끗이 닦아 주기까지 해야 한다. 일반 이발사들이 굳이 같은 돈을 받고 나 같은 손님을 받으려 하지 않을 것이 뻔하다. 뭐, 가끔씩 "내가 깎아줄게요"라고 말씀을 던지시는 분들은 종종 있는데, 실제로 뒹굴뒹굴 이발소까지 출장 오셨던 분은 거의 없었던 것 같다. 이미 짐작하셨는지 모르겠지만, 그래서 내 컨디션을 제일 잘 아는 간호사님께 부탁드리고 수년째 도움을 받고 있는 형편이다.

뒹굴뒹굴 이발소를 이제부터 소개한다. 먼저 손님을 최대한 평평하게 눕힌 뒤 다리를 최대한 들어올린다. 그래야 머리를 깎다 말고 혈압 올리느라 배를 흔드는 일을 적게 할 테니까. 먼저 머리 밑에 큰 비닐을 한 장 깔아주고 왼쪽으로 돌려 눕힌다. 오른손에 든 바리깡으로 오른쪽 머리를 최대한 짧게 깎는다. 그다음, 몸을 반대 방향으로 굴린 뒤 반대쪽 머리를 똑같은 길이로 깎아준다. 나도 나름 스타일이 있다 보니 윗머리는 조금 살려달라 한다. (관철 형님 스타일은 나에겐 너무 과격해 보여서다.)

왼쪽으로 굴리고, 오른쪽으로 굴리고.

가장 어려운 코스는 뒤통수 중앙 부분과 목덜미선이다. 다시 똑바로 누인 뒤, 왼손으로는 내 큰 바위 얼굴을 힘 있게 들어올리고 바리깡을 들고 있는 오른손으로 잽싸게 머리 뒤 중앙선과 목덜미를 깎아주어야 한다. 머리를 긁어줄 때도 시원하지만, 머리를 깎을 때는 얼마나 시원한지.

최근 이발할 때였다. "으흐~ 시원해!"라고 나도 모르게 소리가 터져나왔다. 그런데 마치 약속이라도 한 것처럼 동시에 간호사님 입에서도 "으흐~ 어깨야!"가 툭 튀어나왔다. 어디 어깨만 아프겠는가! 거의 90도로 허리를 숙여 머리를 깎아야 하니 허리는 오죽 아플까!

미안한 마음으로 치자면 두 번 다시 부탁하지 말아야겠다는 생각이 드는데, 내 형편을 너무나 잘 아는 간호사님은 당연히 해야할 일인 것처럼, 묻지 않아도 내 머리가 덥수룩해지면 바리깡을 챙겨들 준비를 한다. 주는 밥 먹고 침대에 누워 꼼짝도 못하면서, 깎는 사람 힘들게 머리는 왜 이렇게 빨리 자라는지…. 머리숱도 쓸데없이 많고. (요즈음은 나이를 먹으면서 많이 빠지고 있기는 하다.)

아무튼 한 가지 확실한 것은, 시원하게 참! 잘 깎는다! 〈생활의 달인〉에 나가도 될 정도로.

뒹굴뒹굴 이발소의 마지막 단계는 머리를 다 깎은 후, 뜨거운 물에 적신 타월로 머리를 여러 번 닦아주고 목 앞에 있는 거즈와

목의 줄을 갈아주는 것이다. 이 과정을 반드시 거쳐야 한다. 참!
뒹굴뒹굴 이발소의 이발사는 천국에 가서야 이발비를 받을 수 있
지만, 그 금액이 얼마인지는 아무도 모른다. 아마 무지무지 큰 액
수일 것으로 짐작만 해본다.

(뒹굴뒹굴 이발소에 출장 오실 분이 있다면 연락주시길! 모든 장비는 이 방 안에
있다.)

냉면 권사님

내가 출석하고 있는 벧엘교회는 크고 아름다운 교회다. 건물만 아름다운 것이 아니라 선교비전도, 성도님들도 아름답다. 나는 휠체어에 앉아 있어서 시야가 좁다 보니 많은 분들을 보지는 못하지만 보이는 분들은 모두 아름답다. 저런 분들을 창조하신 주님은 얼마나 기쁘실까?

교회에 들어가면 정면 강대상 위로 목사님이 보이고 목사님 뒤에는 황홀할 정도로 아름답게 찬양하는 찬양대와 그 유명한 벧엘 오케스트라 팀이 있다. 요즘은 예배에 집중하느라 찬양을 듣기만 하지만, 한때는 찬양이 너무 좋아서 간호사님께 부탁해서 캠코더로 열심히 찍었다.

목사님이 설교하실 때가 되면 성도들이 예배에 집중할 수 있도

79

록 찬양대는 조용히 퇴장한다. 그 찬양대 중 유독 눈에 띄는 하얀 머리의 권사님이 계시다. 찬양대원 중에 가장 나이가 많으신 분이다. 무릎이 많이 불편하셔서 퇴장할 때 절뚝거리며 나가시기 때문에 눈에 더 잘 띄신다. 천국 갈 때까지 찬양하며 지내고 싶다며 찬양봉사를 꽤 오래하셨다. 권사님은 늙은이가 찬양대에 있는 것이 눈치가 보인다고 하시지만, 내가 보기엔 아름답기 그지없다.

이분이 냉면 권사님이시다. 여름이면 요양원에 물냉면을 만들어 오셔서 나를 먹여주고 가곤 하셨다. 그 덕분에 권사님의 고향이 원래 이북인 것도 알게 되었다. 남편 장로님이 편찮으셔서 내가 있는 요양원에 계셨는데, 그때부터 인연이 되어 나에게 냉면을 주게 되셨다.

장로님께서 천국에 가신 뒤에도 꽤 오랜 동안 나를 찾아오셔서 손수 냉면을 먹여주고 가셨다. 냉면 권사님은 내게 얼마나 많은 도움의 손길이 필요한지 잘 알고 계셨다.

간호사님이 나를 돕기 시작할 무렵부터 냉면 권사님은 더 이상 요양원을 방문하지 않으셨다. 가끔씩 궁금했는데, 그 이유를 나중에야 알 수 있었다.

간호사 자매님이 나를 돕기 시작한 지 3년이 지나가고 있을 때, 나는 간호사 자매님이 나를 돕는 일을 두고 하나님께서 이 일을 계속하기를 원하시는지 물으며 기도하고 있다는 것을 알고 있었다.

그러던 어느 주일날, 예배를 마치고 나를 밴에 태우고 있는 자매님을 누군가가 부르는 소리가 뒤에서 들렸다. 나는 몸을 돌릴 수 없기에, 누가 부르는지 알 수 없었다.

잠시 후 간호사님이 목소리의 주인공과 대화를 나누고 돌아왔다. "김영숙 권사님 아세요? 여름에 가끔 냉면 가져오셨다는데…"

순간 나는 냉면 권사님이신 것을 알아챘고, 잘 아는 분이라고 간호사님께 설명했다.

냉면 권사님께서는 나에게 냉면을 가져다 먹이실 때마다 내게 더 많은 손길이 필요하다는 것을 보고, 3년이 넘도록 아침저녁 하루에 두 번씩, 나에게 돕는 친구를 보내달라고 기도드렸단다. 어느 날 나를 돕는 사람이 나타났다는 말을 전해 듣고, 그 돕는 사람이 누군지 꼭 한번 만나보고 싶어서 이날 예배 후 힘든 발걸음으로 장애인 밴까지 찾아오셨던 것이다.

사실 잠깐 동안 나를 도울 계획이었던 간호사님은 기도하며 떠날 때를 기다리고 있었다. 그런데 냉면 권사님이 간호사님이 나타나기 전 3년 동안 자신이 나타나기를 기도드리셨다는 말을 전해 듣고, 그리고 하나님께 기도를 응답받았음을 확인하는 권사님의 기쁜 얼굴을 보고, 나를 돕는 일이 개인적 열심으로 하는 일이 아님을 알게 되었노라고 말을 이었다. 간호사님의 그날 얼굴이 아직도 기억이 난다. 하나님의 뜻을 언제나 묻고 행동하는 간호사님은 하나님께 기도하던 일을 응답받아서 기뻐 보이면서도 (얼마나 더 많은 시간을 장애인 형제를 위해 보내야 하는가 하는) 어딘가 모를 부담감이 얼굴에 쓰여 있었던 것 같다.

그 이후로도 6년, 9년, 간호사님이 힘들 즈음이면 신기하게 나타나서서 간호사님을 격려하시는 권사님을 종종 뵐 수 있었다. 간호사님이 나를 돕기 시작한 지 10년이 지나가고 있을 때부터는 간호사님의 배우자와 미래의 가정을 위해 기도한다고 하셨다.

최근 냉면 권사님을 못 뵌 지 3개월이 넘었다. 다리가 많이 불편하셔서 다른 주에 사시는 따님 집에 가 계시기 때문이다. 내가 사는 요양원 위층에 냉면 권사님의 동생이 사신다. 동생 권사님으로부터 냉면 권사님의 안부를 가끔 전해 듣는다.

매 주일 예배 때마다 언제나 나에게 먼저 오셔서 나를 위해 하루에 두 번씩 기도한다며 격려해주셨는데, 나는 권사님께서 편찮으신데도 직접 찾아가서 안부도 여쭙지 못한다.

권사님, 안녕하신 거죠?

오늘 같은 날이면 권사님이 더 뵙고 싶다.

(추신. 이 글을 쓰고 몇 달 후 건강한 모습으로 돌아오셨다.)

벼랑 끝에서

1991년 8월에 교통사고를 당했으니, 장애 입은 지 이제 곧 26년이 되어간다. 눈물샘이 마비되어 울지도 못하고, 웃는 모습만 많이 보이며 지낸다. 사고 이후 내가 죽고 싶은 적이 전혀 없었는지 누가 물어본다면….

사고가 난 후 3~4년쯤 지나서다. 재활센터인 메릴랜드 리햅 센터(Maryland Rehab Center)에 살면서 재활치료를 받을 때였다. 메릴랜드 리햅 센터는 주 정부에서 운영하는 시설로, 월요일부터 금요일까지 그 시설 안에서 공부도 하고 생활도 하는 곳이다. 전문 의사와, 간호사, 물리치료사, 재활 교육사가 24시간 교대로 출퇴근하며, 그 안에는 식당, 도서관, 학교 등이 다 있다. 재활학교를 기숙사처럼 운용하는 곳이다. 금요일에 강의가 끝나면 토요일과 주일은 집에서 지내고 주일 저녁에 다시 입소한다.

장애인 버스는 날짜, 시간, 장소를 알려주면 그 시간에 와서 태우고 가는 콜택시처럼 운영된다. 버스 요금은 보통 버스와 같고 함께 타고 가는 보호자는 공짜다. 어느 주일 초저녁에 집에 다녀오는데 창밖에 보이는 풍경이 너무 아름다웠다. 날씨도 좋았다. 메릴랜드 리햅 센터는 볼티모어시 시내에 있는데 거의 다 도착할 때쯤 보니 산과 산 사이라 표현해야 하나, 길이 고가도로처럼 되어 있는데 계곡이 글자 그대로 천길 낭떠러지였다. 거기서 떨어지면 휠체어 무게가 있어 완전 박살이 날 것 같았다.

내 자신도 조금 힘들었지만 주변에 나를 도와주시는 분들에게 부담을 드리기 싫었다. 버스에서 내리자마자 버스가 온 길을 되돌아갔다. 인도도 잘 만들어져 있고 날씨도 좋아서 휠체어로 가기 좋았다. 가면서 속으로 기도했다. 나를 사랑하시는 분들이 나로 인해서 힘들지 않게 해달라고.

기도만 그렇게 했을 뿐, 당시 나는 남아 있는 가족들이 받아야 할 고통을 생각할 여유가 없었다. 다리에 도착했다. 어떻게 뛰어내릴 수 있을까 다리를 왔다 갔다 하면서 기회를 찾았다. 그런데 난간이 너무 높았다. 난간 끝으로 가 보니, 높은 턱이 있어서 휠체어로 넘어갈 수도 없고 접근조차 할 수 없었다. 이쯤 되면 그냥 아직 내 때가 아니구나 포기하고 마음을 돌이켜 회개해야 하는데, 영적으로 아무 생각도 할 수 없던 나는, 재수가 없었지만 다음에 기회가 오겠지 생각하며 메릴랜드 리햅 센터로 되돌아가고 있었다.

그런데 갑자기 휠체어가 인도에서 차도 쪽으로 넘어졌다. 넘어 져본 적이 없기에 왜 넘어졌는지도 모르고 넘어졌다. 일부러 높이 뛰기라도 한 것처럼 차도 깊숙이 넘어져버렸다. 나는 휠체어에 허리, 가슴, 양쪽 팔이 꽁꽁 묶여 있어, 멍하니 쓰러져 있어야 했다. 멀지 않은 곳이 커브 길이라 빨리 달리는 차라도 있다면, 분명 나를 보지 못하고 그대로 칠 것 같았다.

차에 깔려 죽으면 다리에서 떨어지는 것보다 고통스럽겠지만, 죽을 수만 있다면 그 정도는 감수할 수 있다고 생각했다. 약간 두려워서 눈을 감고 있었다. 멀리서 차 오는 소리가 들렸다. 그런데 나를 보았는지 천천히 속도를 줄이는 것 같았다. 눈을 계속 감고 있었지만 내 근처에 잠시 섰다가 가는 소리를 들을 수 있었다. 처음 눈을 감을 때는 두려워서 감았지만 나중에는 창피해서 눈을 뜨기 싫었다. 조금 후 사이렌 소리를 내는 차들이 달려왔다.

처음 멈춰 선 차의 운전사가 내가 길 가운데 누워 있으니 죽은 줄 알고 신고를 했나보다. "아 유 오케이(Are you okay)? 캔 유 히어 미(Can you hear me)?" 누군가가 물어봤다. 눈을 떠보니 경찰이 손가락 하나 건드리지 않고, 내 앞에 쪼그려 앉아 묻고 있었다. 아마 2차 사고를 막기 위해 그렇게 교육을 받았나보다 생각했다. 나는 아픈 곳 없이 괜찮다고 하니 같이 온 소방관들과 상의한 후 휠체어를 세워주었다. 그런데 앞바퀴가 빠져 내가 직접 휠체어를 운전할 수가 없어서, 앰뷸런스 들것으로 실어서 메릴랜드 리햅 센터 안에 있는 내 방까지 데려다주었다. 휠체어는 잠시 후 경찰관이 끌고 들어왔다.

나는 부모님이 걱정하실까 봐 10년 동안 자살미수 사건을 아무에게도 이야기하지 않았고 휠체어 앞바퀴 빠진 이야기만 했다. 그리고 하나님 앞에서 나의 잘못을 회개하고 난 후에야 그런 일이 있었다고 간호사님에게만 이야기했다.

주님은 내가 너무 모르니까 끊임없이 알려주신다. 나는 무엇을 해야 할까? 특별한 계획은 없다. 내가 계획을 세운다고 계획대로 살아갈 능력도 안 된다. 그렇다고 될 대로 되라며, 마구 살 것이라는 뜻은 아니다. 언제든 어떻게든 주님이 나를 어떤 소명으로든 부르시면 "아멘!" 하고 달려가는 준비된 삶을 살고 싶어서 지금 공부하고 있다. 부르시기 전까지는 어느 자리에 있든지 나의 자리에서, 오늘 최선을 다해 살려 한다.

그때 당시보다 어찌 보면 사실 지금이 더 힘들다. 첫 번째 이유는 그때는 금방 일어설 수 있다는 희망이라도 있었지만 지금은 27년이 지났고, 주님의 뜻이 있다면 일어설 수 있다는 믿음은 확실하지만, 앞으로 얼마나 더 긴 시간을 이렇게 지내야 하는가 하는 생각 때문이다. 두 번째는, 근육을 못 쓰니 건강이 자꾸 약해지기 때문이다. 숨쉬기조차 힘들다. 어지럽다는 말은 하루에도 수십 번 수백 번 하고, 욕창이 생길까 봐 한 자세로 오래 있지도 못한다.

세 번째 이유는 '긴 병에 효자 없다'는 우리나라 속담이 있듯이, 나의 오랜 병간호에 지쳐가는 주위 분들의 모습을 보기 때문이다. 그때마다 마음이 아프다. 어머니는 장애인이 된 큰아들을 40대 중반부터 돌보며 이제 칠순을 훌쩍 지나고 계시고, 오십을 바라보는 아들의 입에 열심히 밥숟가락을 떠 넣어주신다. 어머니께서는 자식이니까 당연히 해야 하는 거라며 씩씩하게 말씀하시지만, 그 마음이 어떨지…. 난 자식이 없어서 잘은 몰라도, 어머니를 생각하면 마음이 무겁다. 열심히 십수 년을 도와주시는 간호사님을 봐도 그렇다. 간호사로 풀타임 직장생활을 하면서 남을 돕는 삶을 살려고 개인 삶의 많은 부분을 내려놓는 모습을 여러 번 보아왔다. 어머니와 주위 여러 분들이 함께하여도 간호사로서 도와줘야 하는 일은 누가 대신할 수 없는 일이기에, 혼자 외로이 가는 모습에 참으로 미안하고 감사하다.

시간이 흘러갈수록 돕는 사람의 상태가 조금이나마 회복되고 나아져야 하는데, 나아지기는커녕 점점 약해져가는 상태의 사람을 끊임없이 돕는다는 것은 몸도 마음도 지치게 할 거란 걸 잘 안다. 감옥같이 마비된 몸 안에 살아가는 나도 힘들지만, 나의 삶을 유지하기 위해 돕는 주위 분들의 삶 또한 나 못지않게 힘들 거라는 생각이 든다. 아니, 어쩌면 나보다도 더 힘들 것이다.

내가 열심히 사는 것이 나의 욕심이고 주변 분들에게 피해를 드리는 것은 아닌지 고민하는 내게 하나님은 말씀을 주신다. 성경구절 두 개를 잡고 열심히 살라고.

두려워 말라 내가 너와 함께 함이니라 놀라지 말라 나는 네 하나님
이 됨이니라 내가 너를 굳세게 하리라 참으로 너를 도와주리라 참
으로 나의 의로운 오른손으로 너를 붙들리라(이사야 41:10).

믿음이 없이는 하나님을 기쁘시게 하지 못하나니 하나님께 나아가
는 자는 반드시 그가 계신 것과 또한 그가 자기를 찾는 자들에게 상
주시는 이심을 믿어야 할지니라(히브리서 11:6).

'욕심'은 내가 사고를 당하고 난 후 가장 많이 생각해본 단어
일 것이다. 요즘에는 학교에서 욕심을 어떻게 가르쳐주고 있는지
잘 모르지만, 1974년도에 초등학교를 다닌 약간 옛날 사람인 나
는, 욕심은 발전을 위해 필요한 것이라 배웠다. 나는 유난히 욕심
이 많았다. 그런데 지금은 가지고 싶은 것, 먹고 싶은 것이 별로 없
다. '지는 꽃은 욕심이 없다'는 어느 분의 말씀을 들은 것 같긴 하
다. 누구든 언젠가는 모두 죽는데 싸 가지고 갈 수도 없는 정욕, 명
예욕, 물욕이 다 무슨 소용이 있단 말인가? 많이 먹어야 하루에 세
끼밖에 못 먹고, 죽을 때 열댓 벌 껴입고 죽을 것도 아닌데, 하나
님나라에 보화를 쌓아놓아야지, 왜 자꾸 욕심을 부리는지. 죽음의
문턱을 들락날락하는 나는 이제 시든 꽃이 된 것인가?

잠시 살다 가는 이 땅에서 화장실 숫자 늘리는 것이 뭐가 그리 중요한 일인가? 수영 좋아하면 수영장 가서 하면 될 일이지, 집에 수영장 만드는 사람들 이유가 궁금하다.

지금 생각해보니 욕심은 마약 같다. 갖고 싶은 것이 생기면 행복한 듯하고 그것을 위해 끊임없이 욕심을 내야 하니까. 그런데 문제는 그 행복이 오래가지 않는다는 것이다. 그래서 다른 것도 갖고 싶고 나중에는 하나로 만족을 못하고 조금 더 많이 원하게 된다. 더 갖기 위해서는 남들과 경쟁해야 하고, 경쟁에서 이기기 위해 수단과 방법을 가리지 않게 되는 것이 우리의 인생사가 된 듯하다.

성경 야고보서 1장 14-15절에서 욕심에 대해 말한다.

오직 각 사람이 시험을 받는 것은 자기 욕심에 끌려 미혹됨이니 욕심이 잉태한즉 죄를 낳고 죄가 장성한즉 사망을 낳느니라.

욕심은 살아 있는 생명체 같다. 나의 욕심이 얼마만큼 장성했나 수시로 점검해보아야 할 것이다.

사고 전까지는 나만을 위해 살았다. 이제는 주님이 기뻐하시는 삶을 살고 싶다. 지금 목회학(M. div)을 공부하고 있지만, 난 사실 꼭 목사가 되고 싶은 건 아니다. 다만 주님께 수고했다는 칭찬까지는 못 듣더라도 꾸중 듣지 않는 사람은 되고 싶다. 전에는 선교사가 된다는 것이 두려웠지만 지금은 두렵지 않다. 이미 하나님은 나를 작은 목소리나마 글로 말하는 복음의 전파자로 사용하고 계시니까!

하나님의 오른손

인터넷 사이트에서 자주 만났던 분에게 내가 신학을 한다고 했더니 나의 신앙관이 궁금하셨는지, 내가 좋아하는 성경 구절이 무엇이냐고 물어왔다. 나는 좋아하는 구절이 몇 개 있지만 특히 좋아하는 구절이라고 정한 것은 없다고 했다.

사실 나는 성경을 읽을 때마다 매번 다른 구절에 은혜를 많이 받는다. 그때마다 "아!" 하는 짧은 탄식과 함께 좋아하는 성경 구절이 수시로 바뀌어왔다. 사고 후 처음 좋아했던 성경 구절은 이사야 41장 10절 "두려워 말라 내가 너와 함께함이니라. 놀라지 말라 나는 네 하나님이 됨이니라. 내가 너를 굳세게 하리라. 참으로 너를 도와주리라. 참으로 나의 의로운 오른손으로 너를 붙들리라"였다. 누구보다도 건강했으나 갑자기 전신마비 장애인이 되어서 좌절하고 있던 내게 오아시스 같은 말씀이었다.

그리고 그다음 좋아했던 구절은 히브리서 11장 6절 "믿음이 없이는 하나님을 기쁘시게 하지 못하나니 하나님께 나아가는 자는 반드시 그가 계신 것과 또한 그가 자기를 찾는 자들에게 상 주시는 이심을 믿어야 할지니라"였다. 아마 주님께 "저 열심히 살 테니 보상해주세요" 하는 마음이 있었던 것 같다. 성경을 쓰거나 읽다가 은혜를 받으면 한 구절 한 구절이 꿀같이 달콤하고 꽃같이 아름다운데, 그때는 성령님이 "이 구절은 너를 위해 기록된 말씀이야!"라고 말씀하시는 것만 같다.

가장 최근에 은혜 받은 구절이 디모데후서 2장 15절 "너는 진리의 말씀을 옳게 분별하며 부끄러울 것이 없는 일꾼으로 인정된 자로 자신을 하나님 앞에 드리기를 힘쓰라"였다. 영어(NIV)로는 "Do your best to present yourself to God as one approved, a workman who does not need to be ashamed and who correctly handles the word of truth"이다.

나는 이야기식 성경이나 목적이 있어 읽는 성경은 쉽게 읽는다. 그러나 누가 누구를 낳았다는 족보식이나 배경 지식을 많이 필요로 하는 성경은 졸음과 싸우며 정해진 양을 힘들게 겨우 읽어낸다. 하지만 성경을 읽으면서 깨우친 것은, 성경을 계속 꾸준히 많이 읽으면 가랑비에 옷 젖듯이 성경 지식도 점점 늘어나고 성경도 재미있게 읽을 수 있다는 점이다. 내가 선택한 디모데후서 2장 15절 말씀은 단순히 좋아하는 성경구절이 아니라, 내가 앞으로 목회자가 되었을 때 기준이 되어야 할 말씀처럼 들리기도 한다.

　요즘 신문을 보면 부끄러운 목사님들의 뉴스가 참 많다. 그들이 하나님 말씀을 제대로 알고 하나님을 정말 두려워하였으면 절대 그런 죄들을 짓지 않았을 것이다. 진리의 성경말씀을 자기 입맛에 맞춰 좋을 대로 해석해 '나의 복음'을 만들어서 그런 것 같다. 목회자의 도덕성에 문제가 생기면 누가 그런 목회자를 따르겠는가? 교회 안의 영적 지도력뿐 아니라 교회의 존폐가 걸린 문제까지 갈 수 있다. 그래서 디모데후서 2장 15절 말씀 "너는 진리의 말씀을 옳게 분별하며 부끄러울 것이 없는 일꾼으로 인정된 자로 자신을 하나님 앞에 드리기를 힘쓰라"를 내 마음에 새겨야 할 성경구절로 정한 것이다. 부끄러울 것이 없는 일꾼은 첫째, 교인들 앞에 부끄럽지 않아야 하고, 둘째, 자기 양심에 비추어보아 부끄럽지 않아야 하고, 셋째, 하나님 앞에서 부끄럽지 않아야 한다. 그래야 하나님의 일꾼이 될 수 있는 자격이 갖추어진다고 본다.

　앞으로 목회학 공부를 계속하면서 얼마나 바쁠지는 모르겠지만, 바빠서 성경을 덜 읽었다는 핑계를 대는 건 주객이 바뀌는 어리석음이라는 것을 명심, 또 명심하겠다.

동생이 내게 큰소리치는 날이 오기를

가족 얘기는 조심스럽다. 혹자는 있는 그대로, 사실 그대로 쓰면 되지 뭐가 어렵냐 하시겠지만, 내가 쓰는 말에 따라 가족 자랑이 될 수도 있고, 어떤 분은 스스로 상처 받는 분도 있을 것 같아 걱정이 된다.

성령님께서 도와주시기를 바라는 마음으로 고백하려 한다. 자랑처럼 느낀다면 가족을 사랑하는 마음이겠거니 하고 애교로 읽어주시고, 같은 실수를 다른 자리에서 반복하지 않도록 기도 부탁을 드린다.

고슴도치의 마음을 자식도 갖고 있는 걸까? 나는 어머님이 무척 아름다웠다고 생각하며 어머니를 많이 존경한다. '아름다웠다'라고 과거형으로 표현한 이유는 어머니 연세가 있으셔서다. 나의 어머니는 아름다우실 뿐 아니라 1960년대에 대학도 다니셨다. 재미 한인회에서 그림과 글씨로 입상도 여러 번 하셨고, 올해에는 한국 국선에서도 입상하실 정도로 실력이 수준급이시다. 한국에 계실 때는 대형 호텔에서 관리직에 근무하며 괜찮은 삶을 사셨던 것 같다.

그런 어머니가 두 번 팍 늙으셨다. 처음 미국에 오셔서 영어가 안 되어 동양식품 도매상에서 그동안 경험해보시지 못한 막노동을 하셨을 때와, 내가 교통사고를 당해 혼수상태로 누워 있을 때였다. 어머니는 여행을 좋아하셔서 한국에 사실 때에도 나와 동생을 데리고 여행을 많이 다니셨다. 어머니가 운동을 좋아하신 영향으로 나와 동생은 스키와 테니스, 수영 등을 남 못지않게 잘했다.

지금도 일 년에 서너 차례 해외여행을 다니신다. 몇몇 사람들은 어머니가 몸 불편한 자식을 남한테 맡기고 여행 다니시는 것을 이해 못한다. 어머니께선 새아버지와 사시는데, 내 병간호를 하느라 아버지겐 신경을 별로 못 쓰셨고, 위암 3기에서 새 삶을 얻으신 아버지 연세도 있으시기에, 나는 괜찮으니 다녀오시라 권한다.

남동생이 한 명 있다. 현재 미 정부기관에서 일하고 있다. 학위는 IT 분야지만 지금은 매니지먼트와 고문으로 일을 한다. 어릴 적부터 모든 일을 열심히 했던 동생이 이제는 대학교를 준비하는 큰딸, 운동선수인 둘째, 말괄량이 셋째의 아빠로서 멋지게 살아가고 있다. 아이들이 할아버지, 할머니를 좋아하고 잘 따라주는 화목한 가정의 모습이 형으로서 정말 보기가 좋다.

내 몸엔 동생의 피가 흐르고 있다. 사고가 나서 피가 모자랐을 때, 내 동생이 나를 위해 여러 차례 헌혈을 했다. 어렸을 때 내가 미성숙해서 동생을 괴롭혔던 적이 많았는데, 동생은 형을 어떻게든 치료해보려고 플로리다 대학병원의 전신마비 전문 의사에게 몇 차례 데려갔다. 한 번 가면 한 달 이상씩 치료를 받고 와야 하는 일이라 쉬운 일이 아니었다. 전에는 매주 나를 차에 태워 교회에 같이 다녔는데, 1999년에 결혼해서 지금은 세 딸의 아버지가 된 까닭에 전만큼 자주 보지 못하고 있다.

동생도 여행을 많이 좋아해서 가족들과 여행을 자주 다니는 편이다. 동생에게 아쉬운 점이 하나 있다면 하나님께 온 힘을 쏟았으면 하는 것이다. 바쁘게 직장일을 하고 세계 여러 곳을 여행 다니는 등 세상 사람들이 부러워할 삶을 살고 있지만, 정말로 최선을 다하는 크리스천의 삶을 사는 걸 보고 싶다. 하지만 동생의 믿음은 내가 판단하는 게 아니므로, 언젠가 동생이 나에게 큰소리치기를 바라고 있다.

장거리 여행

목 이하로 전신마비가 된 나는 어디를 여행한다는 것이 무척 힘들다. 장시간 여행을 몸이 견딜 만하지 못하기 때문이다. 힘든 것도 힘든 것이지만, 욕창 때문에 두세 시간마다 자세를 바꿔주어야 하고, 시도 때도 없이 폐에 차오르는 가래도 기계로 뽑아줘야 하기 때문에 이를 위한 장비와 전기도 필요하다. 뿐만 아니라 기저귀, 각종 기기, 빨래 등등 같이 싣고 가야 하는 물건들이 산더미다.

그런데 미국 동남부인 플로리다에는 치료를 위해 두 차례 다녀왔다. 전에 내가 가지고 있던 휠체어용 리프트밴은 그나마 뒤에 있는 의자를 침대로 바꿀 수 있었기 때문에, 휠체어에서 내려 누워서 갈 수 있었다. '플로리다 마이애미 프로젝트'라고 마이애미 대학에서 시험 중인 전신마비 재활 치료 프로그램을 받기 위해서다. 월요일부터 금요일까지는 플로리다 마이애미 대학병원에서

1998년, 캘리포니아 여행 중 레드우드 국립공원(위), 금문교가 보이는 전망대(아래)에서

치료를 받고, 주말에는 그 근처를 여행 다녔다. 마이애미 해변, 미 동부 최남단의 키웨스트도 다녀왔다.

여기에서 잠시 짧은 간증을 해야겠다. 1992년 태풍 앤드류가 지나간 자리가 내가 치료 받으러 갔었던 곳이다. 이 신문기사를 읽어보면 당시 상황을 짐작하는 데 도움이 될 수 있을 것 같다.

1992년 마이애미를 때렸던 허리케인 앤드류는 그때까지 경험한 어떤 허리케인보다도 강했다. 허리케인의 경우 폭풍의 눈을 중심으로 그 돌풍이 얼마나 빨리 돌아가는가, 그 속도가 관건이다. 앤드류가 지나간 후 마이애미에 있는 국립 허리케인 센터의 조사결과에 따르면 그 속도가 165마일이었다고 한다. 풋볼 경기장의 기다란 철제 의자 받침대가 날아갈 지경이었다고 한다.

앤드류를 경험했던 사람들이 하는 이야기는 전쟁에서 돌아온 병사들의 무용담 같고 여자들의 출산 체험담 같다. 그 이야기는 끝이 없고 흥미진진하다. 그들은 강한 허리케인 속에서 살아남았다는 것이 감격적인 모양이다.

당시 웨스톤 시티에 살고 있던 오승혜 씨는 "많은 사람들이 차라리 이 지역을 벗어나겠다고 북쪽으로 피난을 떠났다. 플로리다의 하이웨이가 미어터졌다. 올란도에 있는 동생 집으로 올라가는데, 플로리다 턴파이크가 완전 주차장이었다. 그런데 방송에서 앤드류가 올

랜도 쪽으로도 올라간다고 하는 거 아닌가. 힘이 쭉 빠졌다. 급하게 방향을 돌렸지만 이미 내려오는 길도 완전히 막혀버린 상태였다"고 회상했다.

앤드류가 들이닥칠 당시 마이애미는 이미 허리케인의 눈이 내릴 곳으로 예보됐었다. 노스마이애미에 살고 있던 이운락 씨는 "우리 집은 US1에서 동쪽에 위치해 바다와 아주 가깝다. 그래서 집이 바다와 좀 먼 곳에 있는 친구 집에서 밤을 보내기로 했는데 그 친구네 집은 아무 준비도 안 되어 있었다. 부랴부랴 창에다 테이프를 붙이고 두 집 식구가 모두 거실에 모여 있었다. 밤에도 도저히 잠을 이룰 수 없었다. 밖에서는 전봇대 변압기 터지는 소리가 펑펑 났고, 결국엔 창문도 날아가버려서 침대 매트리스를 창에다 갖다 막았다"고 말했다.

마이애미 한글학교에서 한글을 가르치던 이은주 씨는 "허리케인이 지나가고 아침이 되어서 집으로 돌아가려고 밖으로 나왔는데 나무들이 다 뽑히고, 뽑힌 나무들이 아무렇게나 길에 쓰러져 있어서 차를 몰고 갈 수가 없었다. 집들도 폭격을 맞은 것처럼 완전히 변해서 도저히 어디가 어딘지 분간이 안 갔다. 바람이 불 때는 로얄팜트리가 뿌리까지 뽑힌 채 하늘에서 공중회전을 했다. 심지어 차가 날아가서 지붕에 얹혀 있던 광경도 목격했다. 다행히 집에 갔더니 우리집은 안방 창 하나만 깨져 있었다"고 그날의 참상을 전했다.

허리케인 앤드류가 지나간 뒤 정부는 이 지역에 비상사태를 선포

했고 연방정부 차원에서 복구비를 지원했다. ("플로리다 최악, 허리케인 앤

드류와 그 후 13년", 〈오마이뉴스〉 2005년 9월 5일자 기사에서)

당시 나는 새로이 연구 중인 치료법으로 치료를 받고 있었다.
그 때문에 보험 혜택을 받을 수 없었고, 치료비 또한 엄청났다. 어
머니가 미국 생활 중 모아두셨던 비상금과 서울 집을 팔아서 치료
비로 다 써야 했다. 그래서 원래는 월요일까지 플로리다에 있어야
하는데, 시간당 수백 달러나 되는 병원비를 아끼려고 3일을 앞당
겨 금요일에 메릴랜드에 돌아왔다. 그런데 그 주말에 플로리다가
태풍으로 쑥대밭이 되어버린 것이다. 하마터면 손가락 하나 까딱
할 수 없는 내가 휠체어와 함께 하늘로 빙빙 날아갈 뻔했다.

장애인이 되고 여행한 적이 한 번 더 있다. 캘리포니아에 가본
것이다. 지인을 통해 들으니, 캘리포니아에서 한의학을 하시는 분
이 자기를 찾아오면 동양의학으로 전신마비 장애를 고칠 수 있다
고 광고를 하신다는 것이다. 결론부터 이야기하면 우리는 그 말을
믿고 비행기를 타고 캘리포니아까지 갔다. 그분은 진짜 우리가 그
말을 믿고 캘리포니아에 왔다 하니, 이 핑계 저 핑계를 대며 슬슬
피하더니 끝내 우리를 만나주지 않았다.

그래도 오랜 시간이 지나고 그때를 생각하면 주님께서 예전 암
벽등반할 때부터 꿈에 그리고 그렸던 요세미티 국립공원에 가볼

수 있게 해주신 것 같다. 그 한의사(?)는 만나지 못했지만 나에겐 엄청난 축복이었다. 요세미티 국립공원은 산에 다니는 사람들에겐 꼭 가보고 싶은 곳이다. 유명한 화강암 바위산인 '엘 카피탄'은 높이가 914미터(해발 2,300미터)나 되는데, 가는 길이 꼬불꼬불해서 마치 한계령 고개를 넘는 것 같았다. 요세미티 국립공원은 면적이 3,080제곱킬로미터로 제주도 전체 면적 1,846제곱킬로미터보다 넓고 험하다.

그곳에서도 성령님의 보호하심을 느꼈다. 공항에서 미리 예약해놓은 장애인용 밴을 타고 갔는데 잘 포장된 도로라도 험한 산을 오르기에는 무리가 갔는지, 언덕 꼭대기에서 브레이크등이 들어오더니 엔진이 망가져버렸다. 보험사에 수리차량을 부르고 밖에 나가서 구경이라도 하려고 했으나 도로 폭이 좁아서 전동 휠체어는 내릴 수도 없었다. 나는 꼼짝없이 차에 갇혀 수리차량이 올 때까지 기다려야 했다.

나중에 생각해보니 아찔하면서도 감사하다. 차라리 꼭대기에서 고장이 났기에 다행이지, 만약 언덕에서 내려오다가 브레이크가 파손됐다면, 또는 엔진에 불이라도 났다면….

성령님은 장거리 여행 중에도 늘 나와 함께하심을 다시 한 번 깨닫는다.

이 여행 덕분에 나는 어머니가 그리신 요세미티 폭포 그림의 모델이 될 수 있었다.

나의 교회 이야기 1

　감사하게도 교회에서 휠체어를 신을 수 있는 리프트밴을 보내 주셔서 나는 옆 동에서 휠체어 생활을 하시는 형님과 거동이 불편하신 권사님과 팀을 이루어 예배를 드리러 갈 수 있다. 그런데 이 요양원에 2015년쯤부터 한국 할머니들과 할아버지들이 많이 들어오기 시작했다.

　교회에 전부 모시고 간다는 것은 불가능한 일이다. 그런데 놀라운 일이 생겼다. 여기 직원이신 권사님과 집사님이 여러 자원봉사 목사님들을 섭외하신 것이다. 매일 친교 시간마다 목사님들이 돌아가며 방문하셔서 보수도 안 받고 할머니 할아버지들이 마지막 가시는 날까지 예배할 수 있게 해 드리고 있다. 꼭 교회 건물이 아니어도 두세 사람만 진심으로 예배를 드리기 원하면 그 자리가 교회도 될 수 있고 찬양이 울려 퍼지는 천국도 될 수 있다.

나의 교회 이야기를 나누고 싶다. 많은 교인들은 모태신앙이 아니면 전도를 통해서 신앙생활에 입문한다. 나의 경우, 매주 주말마다 산을 올랐으니 교회에 갈 시간이 없었다. 북한산만 150번은 갔던 것 같다. 설악산도 대략 18회 정도. 그 당시 오천 원만 있으면 마장동에서 설악산까지 봄, 여름, 가을, 겨울 마구 찾아갔다.

그중 가장 기억에 남는 것은 1988년 겨울에 KBS3 팀과 '산악부'편 촬영을 4~5일간 같이했던 일이다. 설악산에 겨울 연습 캠프를 차린 에베레스트 등반대와 잠시 만나 훈련하는 것을 참관도 했다. 그때 기온이 영하 23~24도였는데 100미터 올라갈 때마다 온도가 0.6~0.7도씩 떨어지니 영하 27도는 됐던 것 같다.

나는 야외에서의 숙박도 시도했다. 우선 매트리스를 바닥에 깔고, 옷도 여러 겹 껴입고, 침낭에 커버도 씌우고, 등산화까지 신고 잤는데 그래도 너무 추워서 잠을 들 수 없을 정도였다. 한 가지 좋았던 건 태어나서 가장 많은 별들을 본 일이다. 검은색 바탕보다 밝은 별들이 더 많았던 것 같다. 너무나 아름다운 밤이었지만, 그 일을 또 하고 싶지는 않다. 나는 최고의 장비를 가지고도 고통이 컸는데, 지금 북한에서 매년 이러한 강추위에 변변한 난방장비도 없이 지내는 우리의 형제 자매들이 너무 불쌍하게 느껴진다. 그 외에도 지금 중국, 폴란드 등 여러 나라에 선교의 사명만으로 가 계신 나의 동료 선교사들도 복음 전파를 위해 어려운 환경과 싸우면서 지내고 계시지 않은가?

하여간 나는 설악산 외에도 월악산, 치악산, 관악산, 도봉산, 불암산 등 여러 산을 오르는 데 열심이었다. 산에는 절도 많고 불상도 많은데, 불교 신자까지는 아니었다 해도 불자들과 가깝게 지냈다. 내가 계속 그렇게 살아 아직도 하나님을 몰랐을 수도 있다고 생각하면 아찔하다.

그런 나를 하나님은 한국에서 나오게 하셨다. 사우디아라비아에 살 때 기회가 있어서 홍해에 놀러 간 적이 있는데 누가 가르쳐주지도 않았는데 생전 처음 기도가 절로 나왔다. 홍해와 하늘이 연결되어 있었는데 마치 무지개를 본뜬 듯한 장관에, 나에게 두 눈을 주시고 아름다운 홍해를 볼 수 있게 해주신 조물주에게 감사가 저절로 터져 나왔다.

후에 미국에 와서 교회를 다니고부터 내가 전에 본 홍해가 구약에 나오는 그 홍해인 것을 알았다. 누군가 전도를 해서 교회를 다니기 시작한 것도 아니었다. 어느 날 친구와 밤늦게까지 테니스를 쳤는데, 밤이 너무 늦어 야외조명이 꺼져버렸다. 코트에 누워서 밤하늘을 보고 있다가 문득 친구에게 "너 교회에 다니지?" 물었고 나를 같이 데려가달라고 부탁했다.

하나님을 알고 싶고 예배를 드리고 싶다는 마음보다 외로운 미국 생활 중에 친구를 만들기 위해 같이 가자고 했던 것이다. 마침 그 친구는 청년회 회장이어서, 나도 같이 청년회에 들어가서 열심히 활동했다. 같이 기도원에 가서 밤샘 기도도 해보았다. 예수님과 깊은 인격적 교제를 하는 수준은 아니었지만, 나의 신앙은 조금씩 자라서 1년 후 세례도 받고 찬양대에서 봉사도 하기 시작했다. 미국에 오고 두 번째 해부터 학교에 다녔는데 전공을 종교학으로 택했다. 큰 뜻을 가지고 정한 것은 아니고, 공부하기가 쉬울 것 같았다.

졸업학년이 되자 종교학으로 좋은 직업을 가질 수 있는 것도 아니고 시간만 낭비하고 있을 수 없다는 생각이 들었다. 그래서 가까운 커뮤니티 칼리지(전문대학) 방사선과에 수강 신청을 하고 등록금도 다 지불했다. 그런데 강의를 한 번도 들어보지 못한 채 개강 한 주 전 내 인생의 큰 전환점인 교통사고를 만나게 된 것이다.

나의 교회 이야기 2

　미국의 한인 교회들은 이민자들의 예배 공동체 역할을 충실히 하였기에 나도 교회 안으로 쉽게 들어갈 수 있었던 것 같다. 내가 다니기 시작한 교회는 1세대 교회답게 이민 한인들의 친교의 장소 역할도 해주고, 교인들의 경조사도 챙겼으며, 각종 한미봉사센터 역할을 해주었다. 하지만 나는 교회 안에서 사람들의 사랑을 찾으려는 실수를 했고, 사랑이 식어가면서 교회에 흥미도 떨어지기 시작했다. 그러던 나를 잡아준 사람은 교회 친구였다.

　나이는 나보다 많았지만 같은 직장에 다니고 교회도 같이 다니면서 일주일에 7일을 같이한 친구였다. 친구는 내게 잘 아는 분이 개척교회 목사로 오셨는데, 그 교회에서 같이 봉사를 하자고 제안했다. 친구는 교회 행정 쪽에서 봉사를 했고, 나는 3년간 찬양대를 한 경험이 있어서 찬양대를 책임졌다. 훌륭하진 못했어도 열심히는 했다. 학교에서도 합창 쪽으로 3과목 정도를 수강했다.

개척교회이다 보니 교인 수가 20명 정도밖에 되지 않았다. 새로 이민 오신 분들이 계시면 공항으로 마중을 나가기도 했고, 찬양대 지휘로 봉사를 하고 있던 터라 찬양대가 모이는 날이면 차편이 마땅치 않은 아이들을 차로 데려오기도 했다. 자동차 사고가 난 그날도 찬양대 연습을 하기 위해 고등학생 3명을 태우고 교회에 가던 중이었다. 그러다가 고속도로에서 대형트럭과 충돌하는 사고가 나고 말았다.

급하게 아이들을 태우며 운전하던 나는 사고 당시에 안전벨트를 하지 않고 있었던 것 같다. 이후에 듣기로는, 안전벨트를 하지 않았던 나만 차 밖으로 팅겨나가 떨어지면서 머리와 목뼈(척추)를 심하게 다치게 되었다는 것이다. 뇌출혈로 40일 이상 혼수상태로 쇼크 트라우마(shock trauma) 중환자실에서 보냈고, 전신마비 장애인이라는 새로운 삶의 여정을 시작하게 된 것이다.

사실 내가 혼수상태에서 깨어나기 전까지 우리 식구들과 교회 식구들은 장례 준비를 하고 있었다. 깨어날 확률이 거의 없다고 의사들이 말했기 때문이었다. 내가 다니던 교회를 비롯해서 어머니가 다니시던 교회의 목사님과 성도님들이 끊임없이 와서 기도를 해주셨다고, 나중에서야 어머니께 전해 들었다. 그리고 내가 혼수상태에서 깨어났을 때, 병원의 의료진들은 하나같이 놀라움을 숨기지 못했다고 했다. 당시 MRI로 찍은 뇌 사진을 보면 뇌 전체가 피로 가득 차 하얗게 되어 있었는데, 내가 의식이 돌아온 뒤 그 사진을 의사 선생님께서 보여주셨던 것을 지금도 선명히 기억하고 있다. 지금 돌아보면, 알지 못하는 한 성도를 위한 많은 사람들의 기도를 하나님께서는 다 들으시고 그분의 영광을 위해 응답하셨던 것이다.

어두운 이야기

　지금 내가 적고 있는 글을 읽게 될 독자들은 누구일까 생각해본다. 신체적, 정신적 문제가 없이 건강하게 사시는 일반인들, 선천적 장애인 혹은 중도에 장애를 입으신 분들, 장애인 식구를 돌보는 가족들, 장애인을 돌보는 기관에서 일하시는 전문직장인들, 그리고 여러 종교단체에서 일하시는 분들… 내 글이 다양한 삶의 환경에서 살아가는 분들의 손에 들려 어떻게 읽힐 수 있을까 하고 생각해본다.

　내가 장애인이 되고 나서 곧바로 하나님의 큰 자비의 손길에 감화, 감동되어서 늘 기뻐하며 감사를 드리는 삶을 살게 된 것이 아니라는 점은 누구나 짐작하리라 생각한다. 하지만 천천히 아주 조금씩, 쑥같이 쓴 인생의 맛을 느끼고 그 쓴맛이 씻기는 걸 경험하면서, 감사를 어떻게 하는 것인지 언제 감사해야 하는지도 배우게 된 것 같다.

미국이라는 거대한 선진국에 있는 요양원이니, 그 안의 삶도 선진국 수준으로 썩 괜찮지 않을까 생각하는 사람들이 많은 것 같다. 현실에 들어와 매일의 내 삶을 보면 그 생각이 바뀔 것이다. 아주 많이 놀라실지도 모른다.

당장 입에서 뱉어버리고 싶은 쓴 쑥과 같은 경험들을 하나씩 떠올려본다. 어쩌면 나는 기억하기가 싫어서, 현재 내 삶에서 상처를 주고 있는 일이 아니면 되도록 그냥 기억 너머에 가만히 놔두려 하는 걸까.

창조주, 전능자의 아들이시면서 인간의 몸을 입고 이 땅에 오셔서, 인간들의 죄를 없이하기 위해 처절한 죽음을 겪으신 예수 그리스도의 사랑을 만나지 않았더라면… 지금도 이 기억들은 마치 건드리면 터져 나올 고름을 가득 머금은 종기처럼 나의 삶에 붙어 심한 고통 속에 나를 가두어놓고 있을지도 모르겠다.

요양원이 대학병원과 가장 크게 다른 점이라면, 병원은 치료하러 가는 곳이지만, 요양원은 (잠시 있다가 집에 가시는 분들도 가끔씩은 계시지만) 대다수 환자들이 생을 마감하기 전 남아 있는 시간을 보내는 이 땅에서의 마지막 장소라는 것이다. 물론 호스피스에는 당장 며칠 혹은 몇 주 안에 생을 마감하는 분들도 가끔은 계시지만, 대부분의 환자들은 몇 년 혹은 나처럼 몇십 년의 남아 있는 삶을 요양원에서 보낸다. 지금까지 내가 자고 있던 방에서 룸메이트들이 돌아가시는 것을 여러 차례 보았다. 자다가 아무 소리가 들리지 않았는데, 서너 시간이 지나 아침에 요양원 직원들이 와 보고는 돌아가셨다고 한 적이 열 번은 넘게 있었다. 돌아가신 분과 한 방에서 새벽을 맞이했던 것이다.

요양원 규정에는 나 같은 전신마비 장애인을 포함해 혼자 몸을 가누지 못하는 이들은 매 2시간마다 몸을 돌려주기로 되어 있다. 욕창 방지를 위해서다. 하지만 실상은 4시간, 어떤 경우엔 6시간이 지나도록 아무도 들어와 보지 않는 일이 흔하다.

요양원 직원 한 명의 나태함을 고친다고 해결될 문제가 아니란 걸 알고 있다. 각 주(State)마다 규정이 조금씩 다르겠지만, 메릴랜드주의 요양원 운영규칙에는 한 건물 안에 정식 전문간호사(Registered Nurse) 한 명만 있으면 나머지 스태프 숫자는 요양원을 운영하는 이의 책임에 전적으로 일임하게 되어 있다. 그 말은 간호원과 간호보조원들의 숫자는 요양원이 운영되는 데 지장이 없는 한 전적으로 운영자에게 달려 있다는 말이다.

하지만 병원에서는 일반병실은 간호사 1인당 환자 4명 혹은 5명, 중환자실은 간호사 하나에 환자 2명 이상을 둘 수 없게 되어 있다.

병원도 그렇고 요양원도 그렇고 모두 비즈니스다. 최대한의 이익을 남기려고 모든 방안을 다 사용하려 한다. 생명을 돌보면서도 이익을 남겨야 하는 비즈니스인 것이다. 직원을 더 많이 두면, 환자를 돌볼 수 있는 환경은 좋아지겠지만 요양원 주인의 주머니는 가벼워질 것이다. 수익을 많이 남길 수 있는 최고의 방법은 최소한의 직원을 고용해서 운영을 성공적으로 하는 것이다.

이것이 요양원의 현실이다. 간호사 한 명이 환자 9명, 어떤 날은 16명까지도 돌봐야 한다. '돌본다'는 말은 사치스러운 단어다. 아침 약 주고 돌아서서 점심 약 주고, 돌아서서 퇴근한다. 밤에 근무하는 직원은 더 많은 수의 환자를 돌본다. 그러니 나 같은 환자 방에 들어가 10분 정도 시간을 보내고 나면, 다른 병실을 한 바퀴 도느라 기본 2~3시간은 훨씬 지나야 겨우 다시 들러 볼 수 있다. 그것도 모든 것이 잘 돌아가고 있을 경우의 일이다. 한 명이라도 무슨 문제가 생기거나 시간을 더 쓰게 되면, 다른 이들은 기약 없이 그냥 기다려야 한다.

그렇다 보니 엉덩이가 대소변에 절어 있는 일은 요양원에서는 그다지 큰일이 아니다. 욕창이 쉽게 생기는 것이 놀라운 일도 아닌 것이다.

나는 물 한 모금도 내 손으로 마실 수 없다. 처음 이곳에 들어와 여러 번 경험한 일이, 목이 말라 물을 달라고 했는데 물을 가지러 나간 간호보조사가 2시간이 지나도록 돌아오지 않는 것이었다. 더 황당한 것은, 한참 뒤에 돌아와서는 뭐가 필요하냐고 또 묻는 것이 아닌가. 돌보는 환자 수가 많으니, 누가 언제 무엇을 요청했는지도 다 기억하기 어렵다. 이러한 환경에서 직원들은 일하고 있는 것이다.

저녁을 주러 오시는 어머니는 항상 물을 가득 담은 컵을 침대 옆에 2~3개 두고 가신다. 누구라도 방에 잠깐이라도 들르면 그 자리에서 내게 물을 줄 수 있도록 하려는 것이다. 이런 일은 과거의 내 기억 속에만 자리하고 있지 않고, 현재의 삶에서도 가끔씩 일어나고 있다. 내가 조금 건강을 되찾고 나를 방문해주시는 분들이 늘어나면서 내가 도움을 받을 수 있는 기회를 더 가질 수 있게 된 것이지, 요양원 환경 자체가 좋아진 것은 아니다.

세상에서 제일 무서운 것

장애인이 되고 나서 나는 파리가 제일 무섭다. 어떤 분들은 롤러코스터, 공포영화, 고소공포증, 야생동물을 같은 것을 말씀하시지만, 나 같은 경우는 암벽등반을 즐겼기 때문에 고소공포증도 없고, 롤러코스트 같은 것은 신이 나지 전혀 무섭지 않다. 전신장애를 입고 나서도 손을 긴 철봉에 꽁꽁 싸맨 뒤 두 분의 도우미와 함께 중급자 코스에서 스키를 탄 적도 있다.

귀신을 무서워 한다는 분들도 있는데, 죽은 사람과 한 방에서 새벽을 수없이 맞이해봤던 나는 귀신이라는 단어에는 전혀 무섭다는 느낌이 들지 않는다. 한번 봤으면 좋겠고, 예수님 이름으로 한번 싸워보고 싶다.

사실, 파리는 무섭다기보다는 정말로 싫어하는 상대라고 하는 게 맞겠다. 온몸이 마비되어 있으니, 세수를 하거나 흐르는 콧물을 닦거나, 원할 때마다 머리를 긁을 수 있는 처지가 아니다. 그렇다 보니 기름진 얼굴에 파리라도 한 마리 앉으면 비상사태가 벌어지는 것이다. 최선을 다해서 고개를 마구 흔들어보지만, 잠시 날아갔다가 다시 돌아와 앉는 일이 대부분이다. 콧등이나 코끝에 녀석들이 앉아 있을 때는 정말 이것들이 뭘 하는지 찝찝한 건 둘째치고, 얼마나 따끔거리는지 모른다. 건강할 때는 이런 일이 있으리라고는 도저히 생각할 수 없는 일이었다. 누군가가 와서 잡아주거나 방 밖으로 확실히 내보내지 않으면 정말 괴로운 시간을 보내게 된다.

전신장애인으로서의 삶을 살고 나서야 세상에서 약한 자의 모습이 어떤 것이지 실감하게 되었다.

새벽 기도

오늘도 성령님은 나의 새벽을 깨워주셨다. 눈만 뜨면 천장의 시계는 '3:00'라고 알려준다. 지금 병마와 싸우고 있는 성도님들이 얼마나 많은데 편히 잠이나 자고 있을 때냐고 꾸짖으시는 것 같아서 더 못 자고 기도를 시작한다.

"하나님! 하나님은 아시지 않습니까? 저는 치유 능력이 없습니다."

주님은 치료는 내가 하는 것이니, 너는 기도나 하라고 꾸짖으신다.

주변에 아프신 분들이 많다. 그분들의 이름들을 한 분 한 분씩 부르면서 기도를 드린다. 그분들은 내가 새벽에 깨서 자신들을 위해 기도한다는 것을 모른다. 치료는 주님이 성령님과 하시는 일이니, 내가 기도하는 것을 그분들이 모르셔도 상관은 없다. "누군가 널 위해 기도하네" 하는 찬양처럼 그분들의 완치를 위해 나는 오늘도 그 누군가 중 한 사람이 되어 기도를 쉬지 않는다.

하나님의 말씀을 직접 들어보지는 못하고 간접적으로는 들어봤다. 물론 간접적이라고 100퍼센트 확신하고 무조건 듣는 것은 아니다. 내 믿음으로 1차로 스캔하고 영혼의 흔들림이 있으면 주님의 음성이라고 느낄 수 있다.

말씀을 들을 때는 충분히 성경 말씀에 맞는지, 지금까지 내가 쌓아온 믿음의 데이터를 총 가동해 분석해본다. 그래서 방언을 믿으면서도 100퍼센트의 끌림이 없다. 내 믿음은 도마 같은 믿음인 듯하다. 이런 나를 주님은 포기하지 않으시고 그분의 뜻을 끝까지 보여주신다. 전에 나의 가슴에 십자가를 보여주신 것처럼, 때로는 자연환경으로, 때로는 믿음의 사람들을 통하여 같은 말을 반복적으로 들려주시곤 한다.

글을 쓰라는 소리도 열 분 정도한테 들은 것 같다. 목사님, 가족, 교인, 모르는 분, 심지어 아프리카에서 온 간호조무사까지 나보고 책을 써보라고 했다. 새벽기도 때 어떤 기도를 하라는 말씀은 영혼의 울림과 같은 것이다. 엊그제는 흩어진 선교사님들과 목회자들을 위한 중보를 해야겠다고 느꼈고, 오늘은 주변의 아픈 분들 생각에 마음이 아파서 기도가 계속 나왔다. 이 정도면 영혼의 울림 아닌가?

고린도후서 1장에서 사도 바울은 고린도의 성도들에게 기도로 도우라고 요청했다. 복음을 전하는 일은 혼자서만 하는 사역이 아니라 모든 성도들과 함께, 다같이 주님의 나라가 이 땅 가운데 임하도록 힘써 연합하여 돕는 공동 사역이라고 생각한다. 핍박 속에서 하나님의 말씀을 전하는 자가 있다면 그 말씀을 듣는 사람들도 반드시 있을 것이다. 그래서 복음이 전파되는 곳을 위한 기도가 필요하다. 최전방에 가지 못하면 후방에서라도, 나와 같은 사람의 집중적인 중보 기도와 쉬지 않는 간구가 필요한 것 같다.

카리스마를 가진 두 분의 에스더

　무척 힘들었던 또 한 번의 학기를 하나님의 은혜로 무사히 마쳤다. 이번 학기 동안 두 분의 에스더를 만나 뵙고 많은 격려와 위로를 받았다.

　헬라어 '카리스마'는 은사라는 뜻이다. 제목을 다시 적어본다면, '은사를 가진 두 분의 에스더'라고 할 수 있겠다. 말 그대로 '카리스마(은사)'를 가지고 계신 두 분의 에스더를 만났다. 한 분은 학기 말 리포트를 작성하면서, 또 다른 한 분은 내가 살고 있는 요양원을 직접 방문해주셔서 만나 뵐 수 있었다. 조선(한국인) 최초의 여의사이며 선교사였던 박에스더는 140년 전 태어난 분이다. 한국 최초의 유학생이었던 그녀는 남편과 사별한 후 1900년에 의사가 되어 혼자 쓸쓸히 귀국하였다. 그 후 많은 가난한 사람들의 몸과 영혼을 치료해주었다. 자신의 삶을 타인을 위해 사용했던 위대한 조선의 여성이었다.

또 한 분의 에스더 님도 멕시코에서 의료 선교를 하시는 남편 목사님과 함께 사역하면서, 하나님나라 확장을 위해 틈틈이 전 세계를 다니면서 주님을 증거하고 계시는 분이다. 요양원에 살다 보니 나를 위해 기도해주기 위해 방문하시는 분들이 종종 계신다. 올해로 26년째 손가락 하나 맘대로 움직이지 못하고 침대에 누워 생활하다 보니, 은사를 가지신 여러분들이 기도해주러 방문하신다.

2천 년 전 예수님께서 많은 병자들을 치유하셨던 것처럼 나는 지금도 성령님께서 치유의 사역을 하고 계신다고 믿는다. 신유의 은사를 믿고 있는 나로서는, 나의 치유를 위해 기도해주러 오시니 감사할 뿐이다. 그런데 가끔씩 내게 혼란을 주고 떠나시는 분들이 계셔서 이렇게 글을 적는다. 하나님의 능력으로 치유를 해주고 싶으신지, 아니면 자신의 치유 은사를 보여주고 싶어서 오시는지 혼란스러울 때가 있다.

찾아오시는 분들이 많은 만큼 기도해주시는 방법도 참 여러 가지다. 어떤 분은 주머니에 두 손을 찔러 넣고 서서 바라만 보며 기도해주시더니 됐다고 하시고는, 나아서 걷게 되면 연락을 달라고 하며 떠나셨다. 요한복음 9장 6절에서 예수님이 맹인을 치료하실 때에 말씀을 하시고 땅에 침을 뱉어 진흙을 이겨 그의 눈에 발라주셨다는데, 그분은 내 느낌에, 나를 전염병 환자 대하듯 하며 가까이 오려고도 하지 않았다. 그렇다고 막 주물러달라는 것은 아니다. 요양원에 사는 많은 장애인들은 면역력이 약해서, 이 환자 저 환자 손을 얹고 기도하는 것을 조심스럽게 해야 한다. 두 달 전 즈음, 기도하시면서 나를 너무 세게 잡고 흔들고, 팔다리를 들었다 놨다 하던 분도 계셨다. 그러곤 "예수님의 이름으로 기도드립니다"도 하지 않고 떠나셨다. 나중에 내 팔이 시커멓게 멍든 것을 간호사님이 발견하기도 했다. 예수님이 성경에서 병자들의 팔과 가슴에 멍들 만큼 열심히 치유하셨다는 글은 못 본 것 같은데, 굳이 성령님께서 나를 멍까지 들게 하면서 고치셔야 할까 하는 생각을 한 적도 있었다.

또 한번은 머리에 안수기도 하신다면서 굵은 반지를 낀 채로 내 이마를 팍팍 치던 분도 계셨다. 목소리가 제대로 나오지 않는 나는 찍소리도 못하고 계속해서 고통의 기도를 받아야 했다.

장애우에게 필요한 것은 하나님이 바라보시는 긍휼의 눈과 사랑의 마음, 그리고 예수님이 가르쳐주신 말씀이면 충분하다고 본다. 그리고 기적을 베푸는 주권은 오직 하나님 한 분에게 있는 것이고, 그 주권에 우리는 순복하며 감사하면 되는 것이다.

고린도전서 12장에서, "각 사람에게 성령을 나타내심은 유익하게 하려 하심이라"고 하셨다. 무엇을 유익하게 하려 하심인가? 은사를 주신 하나님의 목적은 이를 개인의 자랑거리 삼거나 남의 치부를 드러내기 위함이 아니라, 하나님의 뜻이 이 땅에 나타날 수 있도록 세우신 교회에 유익하고 덕이 되게 하시기 위함이라고 생각한다.

학기가 끝나갈 즈음에 찾아오셨던 두 번째 에스더 권 선교사님은 나를 한 번도 만나본 적도 없고 나에 대해서는 전혀 모르시는 분이셨는데도, 방언통변의 은사로 하나님의 마음을 나에게 전달해주고 가셨다. 눈물로 기도하며 나를 향한 하나님의 마음이 어떠한지를, 아무도 모르는 나만 가지고 있었던 마음을, 하나님이 알고 계신 것을 내가 확인할 수 있는 시간을 주셨다. 방언통변뿐만 아니라 신유의 은사를 비롯한 많은 은사로 멕시코의 원주민들을 주님께 인도하고 계신 분이시지만, 성령님의 인도하심 아래 철저한 겸손과 순종으로 하늘의 평강이 가득한 기도를 통해 연약한 지체인 나를 격려하고 가셨다.

이 이야기는 누가 진짜고 누가 거짓 사역자라 판단하기 위해 쓴 것이 아니다. 다만 한 명의 장애인의 입장에서, 내 글을 읽으시는 분들 중, 장애인을 만나 하나님의 사랑을 전달할 기회가 생긴다면 도움이 되었으면 하는 마음에 적는다.
주님의 평강이 모든 분들에게 늘 함께하시길 기도한다!

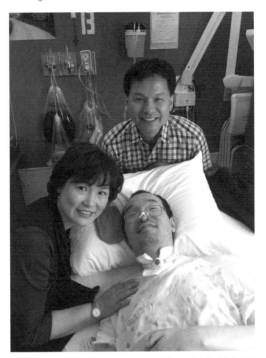

에스더 권 선교사님과 선교사님의 오빠 되시는 권기성 목사님과 함께

감사하는 사람

《부탁합니다 제발! 자살하지 마세요》 저자이신 에스더 권 선교사님께서 밴드에 이런 글을 올리셨다.

사랑하는 예수사랑 선교회 여러분.

지난 4월 미국 동부 집회를 다녀오면서 진정한 감사란 무엇인가에 대해 묵상하게 되었습니다. 도저히 감사할 수 없는 상황 속에서 감사할 수 있을까? 그러한 사람이 있다면 만나게 해달라고 하나님께 기도했습니다. 그런데 하나님께서 환경과 조건을 초월해서 하나님께 감사하는 사람을 워싱턴에서 만나게 하셨습니다. 그분이 바로 윤석언 형제입니다. 그분을 보면서 하박국 선지자의 고백이 떠올랐습니다.

비록 무화과나무가 무성하지 못하며 포도나무에 열매가 없으며 감람나무에 소출이 없으며 밭에 먹을 것이 없으며 우리에 양이 없으며 외양간에 소가 없을지라도 나는 여호와로 말미암아 즐거워하며 나의 구원의 하나님으로 말미암아 기뻐하리로다(합 3:17-18).

그동안 많은 사람들을 만나면서 세 가지 유형의 사람이 있다는 것을 깨달았습니다.

첫째, 감사해야 할 일이 있는데 감사하지 않는 사람입니다.
둘째, 감사할 일이 있을 때만 감사하는 사람입니다.
셋째, 감사할 만한 일이 없는데도 감사하는 사람입니다.

제가 만난 윤석언 형제님은 감사할 만한 일이 없는데도 감사하는, 하나님의 사람이었습니다. 하박국의 감사를 올리는 하나님의 종이었습니다. 이런 감사는 불행 중에서, 고난 속에서 하는 감사입니다. 이런 감사는 고차원적인 감사이며 성숙한 신앙에서 나오는 감사입니다. 하박국 선지자는 이런 감사를 올렸습니다. 윤석언 형제님도 이런 감사의 기도를 하나님께 올리고 있었습니다.

"기쁨만 아니라 슬픔도 감사하겠습니다.
성공만 아니라 실패도 감사하겠습니다.

희망이 아니라 절망도 감사하겠습니다.

가진 것만 아니라 없는 것도 감사하겠습니다.

풍족할 때만 아니라 부족할 때도 감사하겠습니다.

승리만 아니라 패배도 감사하겠습니다.

건강만 아니라 육신의 아픔도 감사하겠습니다.

생명만 아니라 죽음도 감사하겠습니다."

하박국 선지자의 고백이, 윤석언 형제님의 감사가 우리의 기도가 되었으면 참 좋겠습니다. 그런 아름다운 신앙으로 빚어져가는 우리를 바라보시며 하나님의 얼굴에 미소가 번졌으면 더욱 좋겠습니다.

에스더 권 목사 드림

엄마가 사랑하는 아들에게

사랑하는 아들 석언아!

사람들마다 중요한 것의 비중이 다르겠지만, 나는 오랫동안 함께한 것 중에 새것보다 더 중요한 것이 많아. 어떤 때는 구질구질하고 거추장스럽기까지 한 것도 차마 못 버린단다. 지금 내 나이가 되면 버리는 연습을 하라고 하는데도 나는 오래된 것을 버리지 못한단다. 헌것은 지저분하기까지 한데도 못 버리고 잔뜩 가지고 살고 있지.

그런데 이런 것은 내 문제이고 석언이한테 조금 하고 싶은 말이 있어. 이것은 어디까지나 내 생각이야. 석언이의 사고 후 많은 일들 중에 꾸준히 곁에 있어준 사람들이 많이 있어. 그 사람들이 누구인가 한번 생각해주기를 바란다. 이름을 적어보고, 그리고 어떤 모습으로 곁에 있어주었나 하나하나 기억해보는 시간을 가졌으면 좋겠어. 냄비 끓듯 요란하게 끓다 금방 식어버린 사람부터 묵묵히 바라봐주는 사람, 오랜 시간 마음의 친구인 사람 등, 참 많지? 그 한 사람 한 사람이 참 소중한 것이 아닌가 하는 생각이 들어서.

　나이가 들면서 내게 변하는 것이 참 많단다. 몸이 늙는다는 것은 자연스러운 일인데도, 머리카락이 자꾸 신경이 쓰여서 짜증을 낼 때가 있단다. 그러다가 새삼 감사하다고 느끼고 반성하고 있어. 더 빠지지 않고 남아 있는 것에 감사! 얇아서 부시시 꼬불꼬불해져도 감아서 만져주니 얌전해 보이니 감사! 거울에 비친 내 머리를 보니 미장원에 가서 잘 좀 다듬고 와야겠다. 좋은 하루 보내고 이따 만나자.

만남

너는 악인의 형통함을 부러워하지 말며 그와 함께 있으려고 하지도 말지어다. 그들의 마음은 강포를 품고 그들의 입술은 재앙을 말함이니라(잠언 24:1-2).

베드로후서 1장 19절에는 이런 말씀이 있다.

또 우리에게는 더 확실한 예언이 있어 어두운 데를 비추는 등불과 같으니 날이 새어 샛별이 너희 마음에 떠오르기까지 너희가 이것을 주의하는 것이 옳으니라.

성경에서 예언한 대로 정말 말세가 다가오는 것일까? 눈만 뜨면 흉악한 사건이 넘쳐난다. 테러, 자연재해, 살인, 강도… 이곳에 자세히 다 적자면 독자들이 은혜 받는 데 도움이 안 될 것 같아서 이만 생략! 그렇다. 우리는 지금 너무나 악한 세상에 살고 있다. 하지만 하나님의 말씀을 믿고 따르는 분들은 창세기 18장 28절에서 아브라함이 하나님과 대화하면서 얻었던 말씀을 기억할 것이다.

"죄 없는 사람 오십 명에서 다섯이 모자란다면 그 다섯 때문에 온 성을 멸하시겠습니까?" 야훼께서 대답하셨다. "저곳에 죄 없는 사람이 사십오 명만 있어도 멸하지 않겠다"(공동번역개정판).

그렇다. 세상과 다른 사람으로 남아 이 세상을 멸하지 않게 만들어주는 역할을 하고 있는 사람들이 이 시간에도 남아 있는 것 같다. 여기 내가 아는 몇 분을 소개한다.

2015년 가을 학기에 수민 선교사를 친구로 만났다. 같은 반에서 강의를 듣고 있는데, 어느 날 한 학우가 생뚱맞게 "우리 친구 할래요?" 하고 말을 걸어왔다. 온라인 대학원이라 얼굴도 나이도 모르는 분이었다. 얼른 자기소개서를 보았다. 사진으로는 나이를 전혀 가늠할 수 없는 얼굴이었다. 수업을 듣다 보니, 토론시간의 발표 내용이 나랑 많이 비슷하여 친구를 하기로 했다. 같이 공부를 하면 할수록 멋진 친구다. 완전 복권 맞은 기분! 친구 복권? 2천 통에 가까운 이메일을 주고받으면서 나는 많은 것을 배웠고,

우리의 글을 모아 하나님께 영광을 올려드리는 책을 만들면 어떻겠냐고 뜻을 모았다. 하지만 엄청난 학업량에 1년은 손도 대지 못한 것 같다.

그런데 2017년 4월에 멕시코에서 선교하시는 에스더 선교사님의 방언 기도를 들으면서 주님께서 내가 글을 쓰기를 원하시는 것을 알게 되었다. 나는 방언 기도를 할 줄 모른다. 그렇다고 하나님의 명령을 외면할 만큼 영적으로 무디지도 않다. 아! 사실을 말하자면, 참 무디다. 그런 나를 하나님은 여러 방법을 통해 알려주시고 회개하게 만드셨다.

글을 써가며 만남의 중요함을 더 많이 깨닫게 해주셨다. 사실 나는 혼자 아무것도 할 수 없다. 인정하기는 싫지만 아주 무능력하다. 이건 겸손이 아닌 사실이다. 혼자서는 밥은커녕 물도 못 마시고 변도 못 보고 누군가가 수시로 가래를 빼주어야 숨을 쉴 수 있다.

그래도 머리는 좋아서 공부도 하지 않냐고? 공부도 혼자서는 못한다. 컴퓨터도 켜주어야 하고 책도 한 장씩 복사해주어야만 볼 수 있다. 그만큼 나에겐 많은 도움이 필요하다. 나의 글에서 가장 많이 나오는 간호사님과 매일 저녁을 챙겨주시는 어머니, 이 두 분을 빼고도 많은 분들이 나를 도와주신다. 먼저 "와서 도와주세요!"라고 말도 못하는 나를 위해 하나님은 많은 분들을 예비하고 사용하고 계신다.

사고 직후에는 동생이 나를 데리고 다니면서 예배드릴 수 있게 해주었지만, 동생이 결혼을 하고 가정이 생긴 후로는 연세 드신 어머니께서, 간호사님이 나타날 때까지 주일예배에 나를 데려가곤 하셨다. 그때는 너무 자주 아팠던 터라 지금처럼 매주 교회에 가서 예배드리는 것은 상상도 못했다. 내가 아파서 병원에 입원하지 않는 한 간호사님이 무슨 일이 있어도 꼭 주일에 교회에 데려갔고, 1~2년이 지나면서 고정적으로 주일 예배에 참석하는 나를 보고 교회에서는 장애인 전용 밴을 구입하였다. 장애인 전용 밴을 구입하면서, 교회에서 두 집사님께서 전용 밴 운전 자원봉사를 자처하셔서 간호사님이 훨씬 수월해졌다. 처음에는 간호사님 혼자 운전하고 가다가 내가 얼굴이 허옇게 되고 어지러워하면, 달리다 말고 차를 갓길에 세워놓고 내 다리와 배를 흔들고는 또다시 운전해서 교회에 가곤 했다. 자원봉사를 자처하신 두 집사님들은 친구 사이인데, 한 분이 1년만 봉사하자고 다른 한 분을 꼬드겨서 시작했다고 한다. 그런데 지금까지 8년이 넘도록 주일 봉사를 하고 계신다.

가끔씩 농담으로 그러신다.

"간호사 자매, 언제 그만둘 거예요? 아~ 우린 그만둘 때도 된 것 같은데? 이제 봉사자 바꿔야 할 것 같지요?"

함께 교회 가는 관철 형제님이 펄쩍 뛰며 받아치신다.

"안 오면 내가 휠체어 타고 집에 찾아갈 거야… 의리가 있지. 그만두면 안 되지!"

만날 때는 잘 몰랐는데, 오랜 정이 쌓인 것 같다.

참! 관철 형제님과의 만남을 소개해야겠다. 크크크. 일단 웃고 형님 소개를 시작해야겠다. 나에게 행복한 웃음을 많이 주시는 최관철 형제님은, '형제님'보다는 '형님'으로 많이 부르게 된다. 한때 잘나가던 전설의 다방 디제이였는데, 정교하게 그리는 그림들은 화가보다 나았던 것 같다. 팔방미인답게 주먹까지도 알아주는 사람이었다. 그러다가 미국으로 이민 와 지붕 고치는 일을 하셨는데, 옆에서 일하던 사람이 떨어질 때 관철 형님 다리를 잡는 바람에 함께 떨어졌고, 다리를 잡았던 직원이 관철 형님의 허리 위로 떨어지는 바람에 관철 형님은 장애인(같은 전신마비 장애인이어도 나와는 다친 부분이 달라서 손을 조금 쓰신다)이 되었다. 사고 후 처음에는 다른 요양원에 계시면서 삶을 많이 비관하고 사셨는데, 관철 형님의 둘째 누님께서 내 이야기를 듣고는 "너보다 더 심한 사람도 살아가는데…"라며 이야기를 전해주셨단다. 그 후에 내가 사는 요양원으로 이사를 해 오셨다.

사고 후 교회를 한 번도 간 적이 없었던 형님은 내가 주일에 교회에 간다고 하니 신기해하면서 자기도 함께 갈 수 있겠느냐고 하셨다. 그렇게 주일예배에 함께 참석하기 시작했다. 지금은 놀랄

만큼 많이 변화하셔서 성경 암송을 줄줄 하시는데, 한두 장도 아니고 성경 여러 권을 암송하신다. 그 뒤에는 관철 형님의 어머니와 목사님이신 큰형님의 눈물의 기도가 있었음을 주변 분들이 간증하고 계신다.

내 주변의 크리스천들을 보면 고린도전서 13장에 나오는 사랑을 가지고, 그 사랑을 실천하시는 분들이 많다. 야고보서 2장 14~26절에 나오듯, "행함이 없는 믿음은 죽은 것이다"라는 말씀을 살아내고 있는 사람들이다.

많은 만남을 소개해서 지금 시대에 이렇게 사시는 분들도 많다는 것을 보여드리며 소망을 드리고 싶은데, 실명을 적으면 사역지에서 곤란하실 분들이 생길 것 같아서 성만 적는다. 어떤 분은 성만 말씀드려도 누구인지 수만 명이 상상할 수 있어서 성마저도 바꾸어 적으려고 한다.

사고로 장애인이 되기 전까지 나에게는 믿지 않는 친구들만 있었다. 30년이 지난 지금도 연락하는 친한 친구들이 있다. 그만큼 노는 것을 좋아했다. 그러던 내가 이 목사님을 만나고부터, 사역하는 친구들이 많이 생겼다. 신대원에서 학생과장도 하시면서 장애인 사역도 하시는 분이다. 이 목사님은 장애인 사역을 하시는 분이라 처음 만나게 됐는데, 이제는 나를 신대원까지 가게 만든 나의 친구이며 멘토이시다.

그리고 나의 글에 가장 많이 나오시는 간호사님은 미국에 와서 대학과 대학원에서 사회복지를 전공하고 원래 일리노이주에 있는 장애인 기관에서 여러 다양한 장애우들과 일을 하던 분이다. 메릴랜드주에 한인 장애우들을 위해 봉사하러 와서 나를 비롯한 여러 장애우들을 만나게 되었다. 나 말고도 방문하는 장애우들이 여럿 있었는데, 나를 돕기 시작하면서는 나에게 거의 모든 시간을 쓰게 되었다. 하나님의 인도하심으로 유명한 간호대에서 다시 간호학을 공부하고 지금은 이름을 말하면 누구나 다 아는 유명한 대학병원에서 간호사로 일하고 있다. 간호사님의 개인 간증 또한 어마어마하지만, 나 외에는 아무도 들어보지 않은 것 같아서 안타깝기만 하다.

박 집사님은 한국 교회사에 큰 획을 그으신 목사님의 자제분인데, 자세히는 모르겠지만 장애인 재활기관에서 연구하시는 분이다. 2004년쯤의 어느 날 갑자기 내게 전화를 거셔서 내가 사용하고 있는 장비들을 봐주겠다고 하셨다. 그 후로도 14년간 계속 나를 음으로 양으로 돕고 계신다. 우리가 만든 작은 사랑의 모임에서 회장으로 장기 집권을 하시는 분이다.

그리고 김 집사님 부부. 남편은 미국 직장에서 일하시는데, 부인을 잘 만난 덕분에 여러 곳에서 묵묵히 복 터지게 일하고 계신 분이다. 또 이 집사님은 아주 먼(?) 곳에 살고 계시지만 20년 가까이 거의 매달 나를 찾아와 격려해주시는, 두 딸의 어머니시다. 나를 매달 방문하는 모임의 빵식 총무님과 부인되는 경 자매는 나와는 사고 나기 전부터 알고 지낸 사이이다.

한 분만 더 소개해드리련다. 간호사 자매님이 오랜 시간의 봉사로 지쳐 탈진 상태일 때, 2015년 5월 다니엘 김 선교사님의 버지니아 집회에 참석하셨다가 내 이야기를 듣고 찾아오신 이 집사님이다. 다니엘 김 선교사님은 2015년 5월 버지니아에 집회가 있을 때 나를 처음으로 방문해주셨고 그날 저녁 설교시간에 나에 대해 언급하셨다. 이 집사님은 2015년 6월부터 지금까지 매주 머리 감기와 면도를 해주시고 계신다. 이 집사님이 나타나기 전까지 간호사님은 나의 대변 관리 때문에 하루나 이틀 이상은 출타를 하지 않았다. 이 집사님은 결혼해서 미국으로 오기 전 한국에서 간호사로 일을 한 경험이 있기 때문에 간호사님이 알려주는 일을 금방 배우신다. 이제는 간호사님이 멀리 장거리 여행을 갈 일이 생겨도 걱정이 없다. 이 집사님께서 맡아서 대신 해주시기 때문이다. 하나님 일을 아주 열심히 하시는 분이다. 이 집사님을 뵈면 주님께서 필요한 때를 위해 꼭 맞는 분을 예비해놓고 계셨다는 것을 알 수 있다.

이번에 책을 쓰면서 하나님께 영광을 올리는 작업으로 글 노동을 할 줄 알았는데 정리를 하다 보니 많은 분들이 열심히 사랑으로 봉사를 해주신다는 것을 느끼게 되었다. 또 "저 이거 필요해요" 말하기 전에 모든 것을 준비해두시고 필요할 때 미리 주시는 하나님 아버지의 큰 사랑을 다시 한 번 깨달았다.

사고 후 초반에는 〈마음이 상한 자를〉, 〈여호와 우리 주여〉, 〈예수 이름 높이세〉, 〈광야를 지날 때〉, 〈주의 친절한 팔에 안기세〉, 〈주께 가오니〉, 〈나의 사랑 나의 생명〉 등을 부르신 찬양 사역자 손영진 사모님께서 집까지 직접 찾아오셔서 아름다운 찬양을 들려주기도 하셨다. 최근에 많이 편찮으시다는 소식을 들었는데 찾아뵙지도 못하고 안타깝다.

나는 이제 주님이 부르시기 전까지, 지금까지 받은 것을 다른 부족한 이웃들에게 열 배 스무 배 갚으면서 살 것이다.

자유의지와 은혜

이번 학기가 거의 마무리될 즈음, 장애인들이 사용할 수 있도록 얼굴의 움직임을 감지하는 컴퓨터 장비가 망가지는 낭패를 겪었다.

사이버 공간에서는 비록 조금 느려도 비장애인과 별다를 바가 없다고 생각했던 나는 기계가 망가지자 숙제는커녕 수업도 참여할 수 없었고, 뉴스도 볼 수 없었고, 이메일도 쓸 수가 없어서 완전히 고립된 생활을 할 수밖에 없었다.

이것저것 하고 싶은 게 많았지만 누군가가 내 방에 와서 직접 컴퓨터를 작동하기까지는 기도 외에는 할 수 있는 일이 없었다.

3일 동안 누워서 기도만 하다가, 지나가는 요양원 직원들이 있으면 유튜브 버튼을 눌러달라고 부탁해서 오디오 성경으로 4복음서를 다 들을 수는 있었다. 룸메이트 환자와 방을 함께 사용하다 보니 밤에는 못 듣고 낮에만 들을 수밖에 없었다.

오랜 시간 뒤에 새로 주문한 장비가 도착했다. 이제야 다시 나의 자리로 돌아온 기분이다. 컴퓨터를 사용할 수 없게 되자 지금까지 오로지 주님의 은혜로 공부도 할 수 있었고, 세계 여러 나라에 흩어져 있는 친구들과 소통할 수도 있었음을 느꼈다.

컴퓨터가 안 되자 어찌 나에게 이런 일이 생겼나, 하나님은 내가 쓰고 있는 이 글들을 옳지 않다고 생각하시나 자괴감도 들었다. 하지만 곧 다시 깨닫게 되었다.

가지고 있던 내 자유의지가 없어져보니, 컴퓨터의 장비가 허용하는 범위 안에서만 무엇이든 할 수 있었던 나의 자유의지가 얼마나 제한된 것인지, 그리고 그 컴퓨터 장비의 존재가 얼마나 소중하고 감사한지 뼈저리게 느꼈다. 컴퓨터 특수장비가 없으면(즉, 은혜가 없으면) 장애인인 나에게는 아무것도 '자유'라는 게 없음을 깨달았다.

하나님의 은혜라는 특수장비가 허용하지 않는 한, 우리의 삶이 아무리 똑똑하고 화려해도 그 어떤 의미 있는 삶으로도 입력되지 않는다는 생각이 들었다.

얼굴 움직임을 감지하는 장비가 오고 다른 컴퓨터 프로그램도 새 장비에 맞게 조절한 다음, 한 글자 한 글자 내 생각의 모든 것을 글자로 만들어 쏟아내고 있는 지금 너무나도 행복하다.

비록 머리가 가려워도 내 손으로 긁을 수 없고, 목이 말라도 누가 물을 먹여주기 전까지는 목을 축일 수 없는 내 삶이지만, 내가 생각하는 것을 내 마음대로 글로 쓸 수 있음이 너무나 감사하다. 자유의지라는 행복감을 우리 인간이 느낄 수 있도록 하나님께서는 각자의 다양한 '삶'이라는 은혜의 테두리에 우리를 묶어두신 것이다. 선물이다.

하나님께서 주신 우리의 자유의지를 가지고 하나님이 주신 은혜의 테두리 안에서 살겠다는 노력과 의지가 있어야만 성령의 아름다운 열매를 맺을 수 있을 것이다.

불쌍해!?

꧁꧂

목이 몹시 말랐다.

요양원 직원들이 바쁜지 콜버튼을 눌렀는데도 3시간째 코빼기도 보이지 않았다. 그저 테이블 위에 놓여 있는 컵만 수도 없이 바라보고 또 바라보았다.

존스홉킨스 대학병원 신경외과에서 일하는 간호사님은 점심, 저녁도 못 먹고 하루 종일 근무한 뒤 나를 도와주러 늦은 저녁에 들러주셨다.

나를 도와주느라 물 한잔 마실 시간도 없이 다음날 출근을 위해 급히 떠나갔다.

새벽 일찍 출근해야 하기 때문에 대화도 못 나누고 가서 미안하다며 급히 나가는 그분의 뒷모습을 바라보며 생각났던 것을 문자메시지로 보냈다.

불쌍해…

눈앞에 마실 물이 있어도 못 마시는 나나,

돈이 있어도 시간이 없어서 못 사 먹는 자매님이나…

우리는 주님의 은혜가 없으면

목마르고 배고픈 사람들입니다.

그랬는데, 답장이 왔다.

불쌍해요? 아닌 것 같은데…

하나님의 아들 예수님은

이 땅에 계시는 동안

세끼 꼬박꼬박 챙겨 드셨을까요…?

예수님의 제자가 되고 싶어 하고

그분을 흉내 내고 싶어 하는 우리에게는

이렇게라도 살아갈 수 있음이

은혜이고, 기쁨이고, 영광입니다.

이제는 '불쌍하다'라는 단어는 내 사전에서 삭제하려 한다.

예수님의 제자들에게 '불쌍하다'는 말은 절대 어울리지 않는 단어니까.

새 학기

"지겹지 않아요?"

"뭐가요?"

"큰 똥 기저귀 치우는 거….."

"….."

나를 도와주러 방문하시는 간호사 자매님이 몇 분 동안 아무 말 없이 내 기저귀를 깨끗이 치워주었다. 다 치운 기저귀를 바깥 쓰레기 버리는 곳에 내다버리고 와서 내 앞에 서서 하는 말.

"머리 만지기 싫어하는 미용사, 밀가루 만지기 싫어하는 제빵사, 기저귀 만지기 싫어하는 간호사… 해고되기 전에 사표 내지 않으면 너무 괴로운 인생을 살 것 같지 않아요?"

그리고 한마디 더 던지는 말.

"혹시 성경읽기 싫어하는 전도사? 흐흐, 농담입니다."

가끔씩 시청하는 〈생활의 달인〉이라는 프로그램을 보면, 엄청나게 고된 일인데도 자신의 직업을 사명으로 알고, 맡은 일에 최선을 다하는 사람들을 볼 수 있는데, 그런 사람들은 언제나 아름답게 보인다.

내 사명은 뭘까. 잠시 생각해보았다.
26년, 전신마비 장애인으로 하루하루 살아가는 것.
이제 충분히 적응되었을 법도 한데, 난 아직도 장애인으로 살아가는 게 가끔은 지겹다는 생각이 든다. 장애인으로 살아 있는 이모습이 나의 사명이라면, 이 사명에 최선의 자세로 오늘도 살아가야 될 텐데.

다가오는 월요일이면 다시 새 학기가 시작된다. 시작도 하지 않은 '새 학기'라는 출발점 앞에서 움츠려 있던 내 마음을 주님께 올려드린다. 내 힘이 아닌, 그분이 공급하시는 힘으로만 내게 주어진 이 사명을 다할 수 있음을 잘 알고 있기에.

오병이어의 노래

지난 토요일에 드디어 변을 봤다. 그리고 그 밤 몹시도 어지러웠다. 욕창이 아주 많이 생기지 않기를 바라며, 등에 대는 삼각형 받침(wedge) 다섯 개를 다리 밑에 넣었다. 그래도 계속 어지럼증이 가라앉지 않아 혈압을 재어보았다. 다리를 45도 올린 상태에서도 65/45가 나왔다.

밤새 기도했다.

"주님 이제 저를 데려가주십시오. 천국에서 청소도 좋고 뭘 해도 좋으니 이 고통에서 저를 데려가주세요. 이제 책이 마무리되어 갑니다. 이제 주님이 저를 데려가셔도 훌륭하게 마무리할 선교사 친구가 시작부터 같이 만들어온 책이니, 저는 이제 그만 불러주세요" 하고 새벽 5시까지 기도했다.

5시면 컴퓨터 앞에 앉는 시간인데 너무도 어지럽고 힘들어 도저히 앉을 수 없었다. 미국 동부시각 5시면 폴란드에서 친구가 주일예배 드릴 시간이라 더욱 기도했다. 7시 30분부터 조금 잘 수 있을 만큼 좋아졌다. 더 잘까 교회를 가야 하나 잠시 고민했다.

호출 신호 콜라잇(call right)을 눌러 간호보조원에게 대충 교회 갈 준비를 해달라고 했다. 간호사님과 관철 형제님, 그리고 옆 동의 권사님, 장애인용 자동차를 운전하시는 자원봉사자 두 분과 교회에 다녀왔다. 주님께 은혜롭게 예배드리고 일주일을 시작할 수 있다니 너무 감사하다!

이제 몇 번의 예배를 더 드릴 수 있을지 모르지만 부활의 예수님과 함께하니 몇 번의 숫자는 내게 의미가 없다. 이곳이든 하늘나라든 어디에 있든, 나는 감사하고 행복하다! 이 글은 주님께 드려지는 나의 오병이어이고, 나는 주님 앞에 드려진 또 다른 오병이어이기에….

2

하늘 동행

세상에 이젠

세상에 이젠
손톱 깎고 있는 나도 감사할 수 있다
한 줄기 햇살에도 감사할 수 있다
신선한 공기 한 줌도 감사할 수 있다
이게 다 친구가 내게 가져온 선물이다
내 친구는 누워서도
세상과 나를 향해서 회초리를 던진다

세상에 이젠
한 평의 공간에서도
태초를 걷고 영원을 만날 수 있다
우주에서 놀고 심연에서도 누워본다
이게 다 친구가 가져온 선물이다
내 친구는 누워서도
태초와 영원을 오늘에 계시는 창조주를 노래한다

세상에 이젠

좁은 공간 안에서도

골고다도 가 보고

갈릴리도 걸어보고

십자가도 품어보고

빈 무덤도 가 보다니

이게 다 친구가 보여준 선물이다

내 친구는 누워서도

가슴에 십자가의 주님을 품고 살아간다

(친구의 가슴 X-ray에 나타난 주님의 십자가를 생각하면서)

하늘 동행을 시작하며

2015년 가을 온라인 대학교 강의실에서 친구 석언이를 만났다. 친구는 전신마비 장애인이다. 명색이 선교사인데, 보이지도 않는 온라인 교실에서 한 사람을 돕지 못하면 되겠는가 싶어 책이라도 복사해주고, 과제 하는 데 약간의 힘이라도 보태주고 싶은 마음에 친구 신청을 했다. 내가 교실에서 토론과 학습 활동을 열정적으로 이끌어가자 친구도 마음에 들었나 보다. 어느 순간, 나는 친구와 매일 이메일로 대화를 나누고 있었다. 친구는 늘 병상에서, 나는 직장에서, 집에서, 공원에서, 이동하는 기차 안에서, 공항 대합실에서, 틈만 나면 대화했다.

우리의 대화는 학문에 대한 내용과 과제로 시작해서 살아온 추억, 오늘의 삶과 내일의 소망에 대한 이야기로 확장되어갔다. 친구는 전신장애인으로, 나는 전임 직장인으로 온라인에서의 배움은 더욱 치열하고 처절하기까지 했지만, 우리 이야기는 공부에 머물지 않고, 더 깊은 영혼의 대화로 나아갔다.

친구는 언제나 오늘 하루가 마지막 날인 것 같았다. 실제로 그랬다. 그래서 친구의 속마음과 일상의 이야기들이 가릴 것도 없는, 날것 그대로 전해졌다. 친구의 진솔한 삶과 생각들이 한 가장으로, 기독교 신자로, 직장인으로, 선교사로 살아가는 나를 회초리처럼 따끔하게 정신 들게 하고, 소중한 것들을 잊고 사는 건 아닌지 돌아보게 했다. 친구는 매일 일상의 생각과 삶을 들려주었지만, 그 안에 담긴 하나님의 사랑과 은혜는 특별하게 다가와 내게 힘을 주고, 믿음을 주고, 소망을 심어주었다.

대화를 하는 가운데, 친구가 선교사가 되고 싶은 꿈이 있음을 알게 되었다. 특별히 문서 선교를 하고 싶어 했다. 구체적인 전략이나 계획을 가진 건 아니지만, 그에게 꿈을 불어주신 하나님의 계획만큼은 분명했다. 나는 글을 사랑하고, 글의 힘을 믿는 사람이다. 그래서 친구에게는 힘든 일이지만, 친구의 삶과 친구와의 대화를 책으로 엮는 일을 두고 기도하게 되었다. 다른 사람의 10배, 100배의 노력으로 모음과 자음을 하나씩 엮어가야 하는 고된 작업임을 알고 있기에 내심 미안했다. 평범한 일상조차, 숨 쉬는 일조차 치열하게 살아가는, 전사 같은 친구의 피를 말리는 일이 되는 건 아닌지 망설였다. 그래도 친구가 좋아하고 꿈꾸어온 일이고, 사람들과 복음을 나누고 싶고, 하늘의 소명이 있기에, 우린 언제부턴가 말이 아닌 활자로 선교하자고 꿈을 꾸기 시작한 것이다.

이제 때가 되어, 그간 나눈 대화들을 세상에 내보이려 한다. 내가 간직한 친구의 소중한 이야기와 대화의 내용을 나눔으로써 친구가 또 다른 이웃들과 대화할 수 있다면, 그래서 친구가 오랫동안 마음에 품어온 대로 누군가의 오늘의 삶에 도움이 되고 하나님 나라로 안내하는 작은 소리가 될 수 있다면, 이 대화는 하나님의 명을 받은 특급 비밀문서로 축복받게 될 것이라 믿는다.

———

예수께서 이르시되 갈 것 없다. 너희가 먹을 것을 주라.

(마태복음 14:16)

산 사나이

　나는 처음부터 친구의 과거가 궁금했다. 사고 전에 어떤 삶을 살았는지 알고 싶어졌다. 어느 날 친구가 사진 한 장을 내게 보내왔다. 이 사진 한 장에 친구의 과거가 보였다. 친구는 모험을 좋아하던 청년이었다. 거친 산 사나이였다. 하나님이 사고를 통해 산 사나이의 앞길을 막으신 것이 아닌가 생각했다.

　그러나 대화를 나누는 가운데, 하나님은 친구를 더 용감하고 의미 있는 산 사나이로 빚어가신다는 것을 알게 되었다. 친구는 지금도 험난한 산을 타기 좋아하는 사람이다. 우리는 어려운 온라인 공부를 해나가면서, 자주 산에 관한 이야기를 나누었다. 우리의 공부 자체가 큰 암벽이었기에. 친구는 전신마비 장애인이고, 나는 전임 직장인이다. 친구가 산을 타던 과거의 경험과 추억들은 험난한 여정을 살아가는 오늘의 우리에게 큰 도움이 되었다.

이제 친구는 암벽을 등반할 수 없다. 하지만 친구는 이제 다른 산을 타고 살아간다. 그는 24시간 침상 안에서 선교의 꿈을 꾸고 있다. 선교사들의 선교사가 되는 꿈. 무전략, 무계획이었지만 친구는 꿈을 꾸며 포기하지 않고, 매일 온몸으로 꿈의 암벽을 오르고 있었다. 나는 목격자요, 동반자가 되어갔다. 친구 석언이는 오늘도 전혀 움직일 수 없는 육신의 상황에서도, 꿈을 꾸는 건 돈 안 드는 일이라고, 움직일 수 없어도 오를 수 있는 일이라고 말한다. 그래서 나는 그 길에 친구가 되어주기로 했다.

📩 **받는 사람** | 수민 친구

수민 친구! 잘 지내요?
사진 정리하다가, 열일곱 살 때 도전한 북한산 암벽등반 사진 첨부합니다.

석언 드림

📩 **받는 사람** | 석언 친구

친구 석언!
말도 안 돼! 열일곱 살 때에 저런 무모한 일을! 놀랍고 존경스러워요. 개인적으로 모험을 두려워하지 않고 도전하는 사람들을 존경해요. 어떻게 청소년 시절에 저런 가파른 암반을 등반할 수 있었지요? 그 쾌감이 어땠을지 궁금해요.

지금 여긴 밤 11시 20분, 거긴 오후 5시 20분이네요. 졸음이 슬슬 밀려옵니다. 굿나잇! 여기 폴란드 말로는 도브라노츠(dobranoc)!

친구 수민 드림

📧 **받는 사람** | 수민 친구

제가 하나님을 몰랐을 때는 위험한 것을 즐겼죠. 교회에 다닌 후부터는 선교사가 되는 게 꿈이었고, 영화 〈미션〉을 보고 훗날 오지로 가서 그렇게 다른 사람들을 위해서 살아보고 싶었습니다. 자연스럽게 선교사님들을 존경하고, 이제는 멋진 선교사를 친구로 두었네요.

친구 석언 드림

📧 **받는 사람** | 석언 친구

그랬군요. 지금 친구는 널싱홈 요양원에 누워서라도, 온 세상 구석구석을 위해 기도하고, 또 흩어진 선교사들을 위해 기도하고 있으니, 살아 계신 하나님께서 그 기도를 들으시고, 침상에 있지만 친구를 통해서 하나님이 하시고자 하는 일을 하시리라 믿어요.

친구 수민 드림

📧 **받는 사람** | 수민 친구

감사, 감사!

깔딱고개

2016년 3월 봄학기였다. 멀쩡한 학생이라도 가다가 쓰러진다는 헬라어(그리스어) 강의 시간이었다. 온라인 교실은 8주간의 수업으로 이뤄지는데, 8주 만에 헬라어를 배운다는 것은 사실상 불가능에 가깝다. 고대 헬라어를 21세기에 사는 우리가 이 나이에 시작한다는 자체가 도전이었다. 나야 그나마 비장애인이지만, 친구는 자판 치는 일조차 보통 사람보다 100배는 느리다. 자음과 모음을 하나씩 눈으로 조합해야만 한 글자를 쓸 수 있다. 그런 그가 고대 헬라어를 쓰기도 하고, 읽기도 하고, 신약 성경의 원어를 읽는 수준으로 나간다는 것은 그야말로, 에베레스트산을 등정하는 일처럼 느껴졌다.

나는 대학과 대학원에서 영문학을 전공했기에 언어를 배우는 것에 익숙한 편이라, 강의실 안에서 초반에 가장 앞장서 올라가는 듯 보였다. 친구는 이제 막 다른 공부를 끝내고 있었던 터라 출발부터 지친 듯싶었다.

친구는 언제나 산 이야기를 들려주었다. 내가 살던 시골 고향 마을 바로 앞에는 '파사산'이라는 산이 있었는데도, 나는 산을 오르는 데는 취미가 없었다. 그런데 친구의 '깔딱고개' 이야기는 매우 흥미로웠다. 그런 이름의 장소가 있었는지도 몰랐다. 자기 한 몸 오르는 일도 버거울 텐데, 친구는 늘 이런저런 짐을 지고 살아가는 나를 돌아봐주고, 다른 학우들을 격려해주었다.

✉ **받는 사람** | 수민 친구

친구 수민!

친구는 산에 다녀볼 기회가 적었죠? 산마다 정상 근처에 깔딱고개라고 있어요. 숨이 깔딱거린다고 붙여진 이름이래요. 지금 공부하는 게 깔딱고개를 넘는 기분이에요. 매일매일 공부 포기하고 싶은데… 현대윤리 공부는 운이 좋아서 수민 선교사님이랑 한 조가 되어 쉽게 가고 있어요. 휴… 진짜 진짜 하기 싫은데, 포기할 용기가 없어서 하고 있어요. 남들은 사이버로 공부하니 엄청 쉬운 줄 알고 있어요. 인터넷으로 하기 때문에 토론이 무진장 많은데. 그냥 놀고 싶은데… 그래도 더 힘든 조건에서 공부하시는 선교사님들 보면서 백수인 내가 이러면 안 되지 하며 견뎌왔는데… 지금 이 깔딱고개만 넘으면 정상이 보일 거예요! 힘내세요!

공부가 우리를 속일지라도 노여워하지 말자고요. 지나간 날들은 추억이 된다고… 거시기 푸시킨 씨가 코멘트해준 것도 있으니까요.

네. 깔딱고개까지는 가야죠. 그런데 깔딱고개에서 포기하고 내려가는 바보는 본 적이 없어요! 조금만 더 가면 목적지에 다다르는데 깔딱고개에서 포기할 거면 오르지도 않았죠.

친구는 깔딱고개에서 포기하는 법은 없다고 자신 있게 말한다. 사실 친구는 헬라어 자판을 설치하는 데만도 며칠간 고생을 했다. 고대 헬라어 문법을 익히고, 쓰고, 읽는 수준까지 된다는 것은 극한에 도전하는 일처럼 느껴지곤 했다. 온라인 교실의 다른 학우들도 일주일마다 쏟아지는 학업 분량과 암기해야 할 단어와 문법에 쓰러질 지경이었다. 그때마다 그런 학우들을 일으켜 세운 건 바로 뒤에서 따라오던 친구 석언이었다. 친구는 '포기 빼고 뭐든 해보자!'는 구호를 외치며 온몸으로 기어오르고 있었다. 친구의 헬라어 산 오르기는 처절했다. 하루는 그에게서 메일을 받았다. 헬라어 암벽을 오르기도 벅찬데, 그는 그리스도의 고난을 온몸으로 경험하고자, 수면제를 먹지 않기로 했단다.

161

휴… 지금 너무 어지럽네요. 저같이 신경이 손상된 장애인은 수면에
문제가 있어서 수면제를 매일 먹고 자는데, 너무 약에만 의존하는
것 같아서 고난주간만이라도 수면제를 안 먹으려고 했는데 역시나.
그래서 오늘은 새벽에 못 앉고, 아침에 요양원 직원이 올 때까지 기
다렸다가 앉았는데 어지러울 때 먹는 약까지 없다네요. 다시 주문했
다는데 저녁 9시에나 온대요. (한국 사람 같으면 미리미리 주문할 텐데.) 지금
공부도 못하고 누워 있어요. 한참 기다리면 몸이 적응할 거예요.

낮은 혈압으로 늘 어지럼증을 달고 지내는 친구가 말짱한 몸으
로도 감당할 수 없는 헬라어의 산을 매일매일 그렇게 오르고 있었
다. 그가 맨 뒤에 처져 있는 줄 알았는데, 석언이는 온라인 교실의
모든 학우들을 온몸으로 끌어올리고 있었다. "포기 빼고 뭐든 해
보자!"고 말하고 있었다.

생명줄

헬라어 담당 남 교수님은 이 같은 그의 암벽 오르기를 격려하셨다. 마치 곁에 있는 사람처럼 그의 손을 끌어주고, 어깨를 두드리며 흐뭇해 하셨다. 하나하나의 글자에 정성껏 대답해주시고, 지도해주셨다.

남 교수님은 친구 석언이가 앞장서고 있음을 금방 알아차리신 듯했다. 석언이는 처진 학우들의 손을 하나둘씩 잡고 오르고 있었다. 정말 친구가 맨 앞을 달리고 있었다. 그리고 친구는 학기가 끝나기 일주일 전 즈음, 욕창에 걸리고 말았다. 암벽 꼭대기에서 받은 하나님의 상급이었다. 온몸에 새겨주신 확실한 하나님의 훈장이었다.

친구 석언이는 영락없는 산 사나이다. 그가 내게 가르쳐준 상세한 암벽 오르기 비법이다.

하하, 자일이 뭐냐구요? 암벽등반용이고요. 약 1천 킬로그램은 견디는 강도를 갖고 있지요. 길이는 보통 40미터짜리를 쓰는데 80미터짜리도 본 것 같아요. 줄의 강도가 센 이유는 높은 데서 떨어지면 사람의 무게가 약 5배로 늘어나기 때문이래요.

높은 산을 40미터짜리로 어떻게 올라가나 궁금하죠? 30~40미터씩 끊어서 올라가면 돼요. 자일을 산에 고정시키는 것이 아니지요. 3~4명이 함께 올라가는데, 그중 첫 번째 올라가는 사람의 임무가 제일 어려워요. 올라가면서 볼트, 하켄, 프랜드, 너트, 슬링(어렵죠?^^) 등 장비를 설치해야 하고, 특히 '카라비너'라는 5천 킬로그램까지 견디는 합금 고리를 이용해서 줄을 끼워가며 올라가야 하거든요.

첫 번째 사람이 바위에 설치된 장비에 줄을 못 끼우고 실수로 떨어지면 제일 위험해요. 대략 20~30미터에 하나씩 설치하는데, 다칠 확률은 높지만 그리 크게는 안 다쳐요. 중간에 오르는 사람은 위아래서 잡아주니 안전하고 맨 뒤에 올라가는 사람이 두 번째로 힘들어요. 처음 오르는 사람이 설치한 장비를 다 회수하면서 올라야 하니까요. 그리고 등반 중에 위로 안 가고 옆으로 갈 때는 첫 번째나 마지막이나 비슷하게 다쳐요. 나중에 기회 되시면 한번 해봐요.

그럼 몸조리 잘하고 나중에 봐요!

📩 **받는 사람** | 석언 친구

역시 실감나는 설명이네요. 상상으로만 즐겨야지요. 장비가 생각보다 단단하네요. 고리가 5천 킬로그램이나 견디다니. 그런 단단한 고리 같은 사람이 되고 싶군요.

📩 **받는 사람** | 수민 친구

암벽 하는 사람들은 자일을 핏줄로 빗대어 말합니다. 생명과 생명을 연결하기 때문이죠. 물론 개인의 생명줄이라 바위 타다 떨어질 때 자일의 반동으로 붕 떠오르면 '휴, 살았다' 하고 안심이 되죠. 가끔 눈 덮인 설산(雪山) 오르는 영화를 보면 떨어지던 사람이 자일 때문에 살기도 하지만, 반대로 같이 묶여 있던 사람이 함께 미끄러져 떨어져 죽기도 하죠. 저는 암벽등반은 해봤지만 히말라야 같은 설산은 오른 적이 없어서 잘 모릅니다. 암벽을 등반할 때는 중간중간 안전을 확보하며 오르기 때문에 같이 죽는 경우는 아주 드물죠.

석언 친구와 나는, 우리 모두가 예수 그리스도의 영원한 생명줄에 매인 존재임을 이야기 나누었다. 그리스도의 생명줄에 매달려 있다면, 떨어져도 안전한 인생임을 이야기하며 웃었다. 누가 앞에 있고 뒤에 있는지는 중요하지 않다. 우리가 그리스도의 사랑과 소망 안에 서로 매여 있다는 사실이 소중하다. 우리는, 우리에게 주어진 작은 소명들을 감당하면서 깔딱고개까지는 가야 한다고 서로를 격려하고 있다. 그 고개까지 가면 앉아서 잠시 쉴 수도 있고, 고난의 세월을 돌아보면서 함께 웃을 수도 있고, 서로가 대견하다면서 칭찬할 수도 있다. 깔딱고개에서 포기하는 사람은 없다고 하니까!

많은 백성이 가며 이르기를 오라 우리가 여호와의 산에 오르며
야곱의 하나님의 전에 이르자. 그가 그의 길을 우리에게 가르치실 것이라.
우리가 그 길로 행하리라 하리니 이는 율법이 시온에서부터 나올 것이요
여호와의 말씀이 예루살렘에서부터 나올 것임이니라.

(이사야 2:3)

맞장구

　석언 친구와 나는 지난 2년 동안 2천 회가 넘는 글의 대화를 나누었다. 친구는 말을 할 수 없으니, 글의 대화가 더 크게 들린다. 무엇보다 이메일은 밤낮과 장소를 가리지 않고 대화를 나눌 수 있어서 좋다. 친구는 다른 사람의 말에 귀를 기울이고 수준 높은 유머와 맞장구를 사용한다. 고래도 춤추게 하는 재능을 가진 듯하다.

　2015년 성탄절을 앞두고 나는 동방박사들이 많은 시간과 돈을 들여 먼 길을 와서 그저 갓 태어난 아기 예수께 달랑 경배만 하고 돌아갔다는 마태복음의 기사를 읽고 놀랐다. 사람은 무엇을 믿든 간에 무언가를 바라는 것이 인지상정 아닌가? 나는 이들의 신기한 행동에 노래를 붙여 친구에게 들려주었다. 친구의 맞장구는 흥을 돋우는 재능이 있다.

친구 석언!

성탄이 다가옵니다. 성탄 즈음에 오늘 동방박사들의 경배가 참 신기하게 다가왔어요. 이런 거예요.

이분들 정말

경배하러 조용히 왔다가

경배하고 조용히 갔다네.

하늘에 속한 기쁨을 안고 갔다네.

마태 선배가 증언하는데,

"가장 크게 기뻐하고 기뻐"했다네(마태복음 2:10, 개역한글).

경배 받으시기에 합당한 아기 예수 앞에

우리도 경배하러 왔으니

경배만 하고 같이 돌아가세.

하늘에 속한 기쁨을 주시지 않겠나.

이 하늘에 속한 기쁨이면 남은 여정 다 갈 수 있지 않겠나.

✉ **받는 사람** | 수민 친구

하하하! 친구의 이메일은 한편의 시 같네! 이태백의 월하독작(月下獨酌) 같네!!

하하! 그럼 난 성하독작(聖下獨酌)이라. 예수님의 진리의 별은 맹인도 보건만, 멀쩡히 눈 가진 사람들이 못 보는 건지 안 보는 건지 안타까울 뿐….

📩 **받는 사람** | 석언 친구

친구도 마찬가지예요. 별 따라 가는 여정에 늘 기분 관리, 건강 관리 잘 하세요. 그래야 친구의 삶 자체와 간증으로 별(STARS) 볼 일 없는 사람들이 이 진리의 별 예수님을 볼 수 있게 되니까요. 하하.

📩 **받는 사람** | 수민 친구

그러죠. 멀고 험한 길을 천천히 같이 가죠! 이야기도 나누어가며 책 보고 비평도 같이 하고, 먼 길 가는 데 유용한 힌트도 들으며. 천천히….

📩 **받는 사람** | 석언 친구

천천히 가는 우리 길에, 주님께서 함께 계셔서 하나님의 사랑과 은혜에 관한 이야깃거리, 간증을 많이 주셨으면 좋겠어요.

📩 **받는 사람** | 수민 친구

아멘!! 거기다가 친구의 안전도 지켜주시고.

아멘!!! 거기다가 친구의 매일의 건강과 컨디션도 지켜주시고.

맞장구를 치다 보면 대화의 끝을 어디서 맺어야 할지 모른다. 석언 친구는 다른 사람의 이야기를 들어주기를 즐거워한다. 어지러움과 거친 호흡 속에서도 다른 사람의 이야기를 들어주고 넉넉한 유머로 맞장구를 쳐준다.

이런 식의 맞장구는 내게 힘과 기쁨을 준다. 우울한 일이 있으면 곧 맞장구의 힘에 눌려 스트레스가 날아가버린다. 맞장구 한번 해준 것뿐인데도 말이다.

4행시

　친구가 4행시로 말을 걸어왔다. 친구는 대화하는 상대에게 흥을 더해주고 귀 기울일 줄 아는 맞장구의 대가이다. 친구는 삶의 푯대와 목적지를 잃지 말라고 말한다. 그래서 우리의 4행시는 엉뚱한 삼천포로 빠지지 않고, 언제나 그리스도를 향하여 안전하고 즐겁게 진행된다.

✉ **받는 사람** | 수민 친구

페이스북에 뇌성마비(뇌병변) 장애를 가지신 아는 목사님이 이런 글을 올렸습니다.

뇌: 뇌성마비는 제가 가진 장애입니다.

성: 성질나게 하는 인생의 가장 큰 이유였지요.

마: 마음이 공허하던 사춘기 시기에 주님을 만난 이후로

비: 비장애인들보다 더 행복하다고 자신할 수 있는 삶을 살고 있습니다.

주님을 만나면, 장애가 있어도 세상에서 가장 행복한 사람이 될 수 있습니다. 신명기 33장 29절. 나는 행복한 사람입니다.

_조○○ 목사

윤석언의 4행시 도전!

전: 전 진짜 손가락 하나 움직이지 못하는

신: 신체 모든 부분이 장애를 입은 자, 전신마비라고 사람들은 부르죠

마: 마누라 하나 없고 돈도 없고 건강도 없지만

비: 비밀이 있는데요, 예수 그리스도가 우리 아버지세요.

✉ **받는 사람** | 석언 친구

전: 전신마비 친구

신: 신실하신 하나님의

마: 마음에 합한 친구

비: 비밀이 많아 행복한 친구

✉ **받는 사람** | 수민 친구

혼자 걸으면 빨리 걷지만 여럿이 걸으면 멀리 걷는다고 하더라고요. 우리는 빨리도 멀리도 아닌 예수님을 목표로 많이 알고 배우기로 하죠.

✉ **받는 사람** | 석언 친구

어젠 새벽 늦게 잤고, 지금은 오후 7시 30분, 메릴랜드는 오후 1시 30분. 빠르고 늦는 것보다도, 예수님을 얻고, 예수님을 바라보고, 예수님을 푯대로 같은 방향으로 나가는 게 가장 중요하죠. 대부분의 사람들은 빨리만 달려가지요. 주님이 우리의 푯대가 되어주시니 2016년 한 해 잘 달려갑시다요!

✉ **받는 사람** | 수민 친구

저도 너무 감사해요. 저랑 뛰는 속도가 달라 힘드실 텐데 이제 막 걸음마를 시작한 저를 기다려도 주고 끌어주며 같이 달려주어서 고마워요! 열심히 뛰겠습니다! 고마워요!

무리를 보고 불쌍히 여기시니
이는 그들이 목자 없는 양과 같이 고생하며 기진함이라.

(마태복음 9:36)

시간차를 두고 가는 동행

　나는 대서양을 기준으로 오른편에 친구는 왼편에서 살아간다. 대서양 사이로 겨울엔 6시간, 여름엔 5시간의 간격을 두고 살아간다. 그러다 보니, 우린 자주 시간차를 뛰어넘는 실시간 기도와 대화를 나누곤 한다.

　주로, 친구 석언이는 나의 주일예배 시간에 맞추거나, 그 이전부터 실시간 기도의 미사일을 날린다. 거의 빠짐없이 매 주일 실시간 기도를 한다. 나는 친구의 시간차를 뛰어넘는 실시간 기도에 힘입어, 성령의 충만함을 느낀다. 마치 하나님께서 실시간으로 친구의 기도를 들으시고 불어넣어주시는 것 같은 힘과 용기를 느낀다. 예배가 시작되기 전엔 항상 친구의 한마디 메시지를 받는다. "친구를 위해 기도를 시작했어요." 어떤 땐 강력하다. "친구의 설교를 통해서 폴란드를 변화시켜주소서"로까지 나아간다.

사실 나의 예배는 작은 예배다. 가족교회 공동체라 해야 맞다. 사랑하는 아내와 청소년인 3명의 아이들, 그리고 가난한 소수의 대학생과 젊은이들이 성도의 전부다. 그러나 나는 마치 수천 명, 어떨 때는 수만 명의 영혼들이 내 앞에 서 있는 것과 같은 환상을 보며, 진리와 은혜를 선포한다. 절망할 만도 한데, 나는 지난 19년을 한결같이 이런 환상과 비전의 메시지를 받고 전한다. 마치 자식 하나 없이 초라하게 늙은 아브라함에게 보여주신 밤 별을 바라보듯, "하늘을 우러러 뭇별을 셀 수 있나 보라"(창세기 15:5)는 약속을 붙들면서, 언제나 고개 든 남자로 살아간다.

내가 친구의 시간을 앞서 가기 때문에, 육체적으론 비교할 수 없이 힘든 친구가 언제나 불리한 조건이라고 생각한다. 하루를 마감하는 기도를 드릴 때, 자정이 넘어가면 친구는 오후 6시다. 나의 오전 예배는 친구에겐 새벽 시간이다. 친구는 언제나 새벽을 깨워 기도를 시작한다. 아마 미국 전역에서 친구처럼 변함없이 새벽 3시, 4시를 깨워 기도하는 사람은 거의 없을 거다.

날 좋은 봄날이나 여름날 오후의 햇살과 바르샤바 강변의 경치들을 사진으로 보내면, 친구는 이른 아침이다. 오전 근무 시간이면, 새벽 4시경인데 친구는 늘 깨어 있는 듯하다. 부담 없이 아침 인사를 보내면, 얼마 되지 않아 짧은 아침 인사 메시지를 받는다. 시간차를 극복하는 실시간 기도와 동행이 이어지다 보니, 훗날 주님의 곁에 함께 있을 때 동일한 장소와 시간에서 지내게 되면 서

먹할지 모르겠다. 그래도 우린 매일 그날과 그곳을 그리워한다. 시간차 두고 살아가는 이 땅은 나그네 된 우리들에겐 어차피 잠시만 머무는 곳이기에 크게 문제 될 것 없다.

아버지여, 아버지께서 내 안에, 내가 아버지 안에 있는 것같이
그들도 다 하나가 되어 우리 안에 있게 하사
세상으로 아버지께서 나를 보내신 것을 믿게 하옵소서.
(요한복음 17:21)

향기

2016년 10월 말경의 일이다. 내가 사는 폴란드의 수도 바르샤바에서 300킬로미터 떨어진 한 도시에서 사역하는 동료 이 선교사로부터 출근하자마자 전화를 받았다. 내가 잘 아는 선교사의 아내가 초등학생 아이 3명과 함께 등교하다가 지상 위를 달리는 전동차에 부딪히는 사고가 났다는 긴박한 전화였다. 지상 전동차는 기차와 다름없는데, 불길한 예감이 들었다. 남편은 현재 다른 도시에서 직장 일을 하고 있어서 곧바로 온다 해도 늦게 도착할 수밖에 없었다.

나와 아내는 회사의 양해를 얻어 무작정 차를 몰고 달려갔다. 가는 길에 혹시나 해서 아내가 인터넷을 통해 사건사고 소식을 검색해보았다. 주요 폴란드 일간지에 동영상과 함께 사고 현장이 보도되고 있었다. 차마 보기 힘든 처참한 모습이었다. 심장 박동 소리가 커지고 손이 떨릴 지경이었다. 남편보다 먼저 응급실에 도착했다. 보호자 없인 들어갈 수 없다고 했다.

그 도시는 한인이 거의 살지 않는 곳이었고, 선교사 내외는 현지 대학생 사역을 하는 분들이었다. 의사는 환자의 생명이 위독하자 응급처치로 비장을 제거하고 긴급 봉합수술을 했다. 부러진 갈비뼈들이 폐를 뚫었고 머리는 두 군데에 출혈기가 있다고 했다. 의식을 잃은 상태이고, 생존 확률은 전혀 알 수 없다고 했다. 긴급조치가 끝나 환자는 깊은 수면 상태에 빠졌고 이제 조치할 수 있는 것은 아무것도 없었다.

나는 원격으로 친구에게 긴급 기도 요청을 타전했다. 사람이 할 수 있는 일이 없다 하니, 하나님의 기적만을 바랄 수밖에 없었다. 연락 가능한 모든 기도의 사람들을 총동원했다. 유럽, 한국, 미국 그리고 남미에 이르기까지 기도할 수 있는 모든 사람들에게 기도를 요청했다. 특히, 친구는 25년 전 교통사고로 전신마비가 된 이래, 오직 기도에만 의지하여 살아가는 증인이다. 우리의 긴박한 실시간 기도는 이와 같이 이어졌다.

✉ **받는 사람** | 석언 친구

아침에 지방에서 사역하는 선교사가 교통사고 났대요. 지금 막 출발해요. 300킬로미터 거리. 가서 보고 기도해주고 옵니다.

📨 **받는 사람** | 수민 친구

네. 동역자들의 기도 들어갑니다!

📨 **받는 사람** | 석언 친구

감사해요. 다급하게 가는 길 중간이에요. 사태가 좋아 보이지 않아요. 다행히 같이 차를 탄, 세 명의 아이들은 안 다쳤어요. TV에 방송된 끔찍한 영상을 보니 생명을 건진 것이 하나님의 은혜로 보일 정도예요.

📨 **받는 사람** | 수민 친구

운전 조심하시고 천천히 돌아오세요. 저는 아침 금식합니다. 다녀와서 뵈어요.

📨 **받는 사람** | 석언 친구

상태가 위중하고 안정을 위해 약으로 잠재우고 있는 상태입니다. 뇌두 군데에 출혈이 있고, 갈비뼈가 폐를 손상시켰대요. 파열된 복부에 긴급 수술을 했습니다. 장 파열도 장들의 기능을 두고 봐야 검진이라도 할 수 있습니다. 간절한 마음과 역사하는 기도로 함께해주세요. 막 복귀하고 3~4시간 후 바르샤바에 도착합니다. 이곳 세 아이들 위해 아내를 남겨두고 일단 저만 복귀합니다.

네, 기도하겠습니다! 조심히 들어가세요!

초등학교 6학년 아이는 지금 제 아내가 지키고 있어요. 검진 결과에 이상이 없다면 조속히 퇴원되길. 엄마 선교사는 생명이 위태로워요. 아는 분들께 기도 요청해주세요. 호흡기 꽂고 연명하는 모습만 생각하면 눈물이 계속 나요. 이 부부 선교사님들, 아마도 죽어가면서도 "힘드신데 먼 길을 왜 오셨어요?" 하실, 조용하고 겸손한 분들이에요.

주님이 살려주시겠다고 제게 확신 주시는데 마음이 아파 눈물이 계속 나옵니다. 기도해주시면 하나님께서 살려주실 거예요. 어제 꿈을 꾸었어요. 깊은 슬픔과 눈물 속에서 잠들다 깼는데, 이 선교사가 깁스를 하고 제 아내와 앉아서 이야기를 하고 있더라구요. 선교사님이 우는 저에게 환한 목소리로 말하더군요. "목자님, 왜 울고 계세요? 이렇게 멀쩡한데?" 제가 너무 기뻐했는데, 꿈이었어요. 친구가 기도의 손을 잡아주고 있어서 힘이 됩니다.

저의 조그마한 모임에 중보기도를 올립니다.

📧 **받는 사람** | 석언 친구

친구 안녕하세요. 저를 위해 기도하고 있죠? 예수님의 자일의 줄, 이때 친구가 곁에서 잘 잡아주실 거라 믿어요. 이 선교사를 위해서, 저를 위해서 기도의 손을 잡아주세요.

📧 **받는 사람** | 수민 친구

당연하죠. 저는 매일 한 끼 금식기도 중이고, 다른 분들도 기도하고 있다고 연락들 많이 와요. 저도 뇌출혈로 40여 일 혼수상태에 있었어요. 쇼크 트라우마 중환자 전용 병원은 보통 일주일 안에 퇴원하는데, 저는 거기서 최장기인 6개월을 지내다 온 사람이에요. 곧 나을 테니 걱정하지 마세요. 폴란이 엄마는 어때요? 환자도 힘들지만 같이 있어주는 사람도 힘든데… 옷이나 챙겨 가셨나? 친구, 너무 걱정하지 마요. 주님이 강하게 역사하실 거예요. 아멘! 할렐루야!

📧 **받는 사람** | 석언 친구

아멘. 아멘. 살아 있는 하나님의 기적인 친구가 제 곁에 있다는 것이 지금보다 더 실감 난 적이 없어요. 하나님께 감사해요. 티끌 같은 죄인이 드리는 기도이기에 하나님의 온전한 자비와 권능에만 의탁하고 모든 것을 맡겨요.

　친구 중보팀의 사랑에 감사해요. 얼굴 한번 본 적 없는 자매의 이름을 불러주어 감사하고 감사해요. 계속 알려주어 장기와 폐 감염되지 않고, 기능 회복되도록 기도의 손을 꼭 잡아주세요. 친구의 기도 가 있어, 저는 힘내고 다시 주님의 말씀을 붙들고, 또 환난당한 이웃 들과 함께하겠습니다.

✉ **받는 사람** | 수민 친구

힘내세요! 선교사님들은 최종전선에서 싸우시는 분들이고 저는 후 방에서 지원하는 사람이에요. 영적 전쟁을 하려면 우리가 잘 맞아야 해요.

✉ **받는 사람** | 석언 친구

폐에서 관을 뺀다는데요? 아주 아플 거래요. 빼고 난 후에 더.

✉ **받는 사람** | 수민 친구

아직 눈을 못 떴는데 폐에서 관을 뺀다는 것은 아주 좋은 뉴스네요. 스스로 숨을 쉴 수 있다는 얘기거든요. 부담 없이 운전 조심해서 오 시라고 기도하겠습니다. 밤길 위험하니 조금 일찍 나오세요!

✉ **받는 사람** | 석언 친구

친구의 완전한 구원과 천국 소망 안의 지금 인내는 진주 같은 거예 요. 알죠? 어떻게 진주가 생겨나는지. 아주 조금씩 조금씩 오랜 세월 동안 보이지 않는 사이, 진주액이 굳어져서 된대요. 친구 영혼엔 진주 같은 믿음과 소망이 있어요.

친구는 침대에 24시간 누워 있지만, 기도의 전사라는 생각이 들었다. 친구의 기도가 고마워서 〈친구 전사〉라는 시를 선물해주었다. 친구는 살도 마르고, 늘 어지럼증과 싸우고, 매 순간이 고난이겠지만, 나에겐 영혼의 근육이 울퉁불퉁한 전사처럼 다가왔다. 내가 지치지 않고, 환란을 당한 이웃의 곁을 잘 지킬 수 있었던 것은 금식하는 친구의 진실한 기도 덕분이었다.

나는 치열한 직장 생활을 하면서 어둠과 죄의 힘과 싸우는 자라고 자부한다. 그러나 지치고 힘들어 홀로 울 때가 있다. 그럴 때마다 친구는 내게 부드러운 유머를 던져 마음을 가라앉힌다. 다시금 주님만을 바라보고 일어서라고 권면한다. 그러곤 '철인' 별명을 가진 다니엘 김 선교사를 소개시켜주었다. 더 강해지라고. 더 힘내라고. 자신도 상상할 수 없는 힘겨운 상황에 처해 있으면서도 늘 남에게 힘이 되길 주저하지 않았다.

이 선교사는 기적처럼 회복했다. 모두 놀랐다. 의사도 놀라고, 경찰도 놀라고, 무엇보다 가장 놀란 이는 나중에 경찰서에서 CCTV를 확인한 본인이었다. 어떻게 즉사하지 않았는지 놀라워했다. 하나님은 기적을 베푸시는 전능자시다. 기도는 하나님 앞에 드려지는 향기로운 제물과도 같다.

긴박했던 사고가 한참 지난 어느 날 밤에 꾼 꿈을 지금도 기억

한다. 지구의 사방에서 기도의 향기가 모락모락 하늘을 향해 피어오르고 있었다. 이 선교사를 향한 기도가 온 세계에서 향기처럼 하나님 앞에 드려지는 꿈이었다. 아마 그때 석언 친구는 이름도 얼굴도 모르는 환난당한 이웃을 위해, 하늘을 향해 아주 진한 향기를 뿜어내고 있었을 게 뻔하다. 여러 날들을 금식하며 드린 친구의 기도는 하나님의 코에 아주 진한 향기로 올려졌을 것이다.

———

그러므로 내가 너희에게 말하노니
무엇이든지 기도하고 구하는 것은 받은 줄로 믿으라.
그리하면 너희에게 그대로 되리라.
(마가복음 11:24)

선교사들의 선교사

　나는 1998년 하나님의 소명을 받아 폴란드에 오게 되었다. 지금 생각해보면 멀쩡한 이성으론 불가능한 결정이었다. 그때 나는 막 결혼하여 가정을 이룬데다가, 내일 일을 알 수 없었으며, 무엇보다 내가 결정한 폴란드라는 나라에 대해 아는 것이 하나도 없었다. 대학원을 졸업하고, 전임으로 대학생 후배들에게 성경을 가르치고 있을 때, 사도행전의 역사에 큰 은혜를 받아 성령의 강한 힘에 이끌려서 폴란드 땅을 밟게 되었다.

　낯선 땅에서 세 아이를 낳고, 경제적 자립을 위해 직장에 다니고 있다. 나의 직장은 한국 무역회사인데, 치열한 영업과 실적을 위해 전쟁 같은 생활을 해야 한다. 그렇지 않으면 안에서도 직장을 유지하기 어렵고, 외부의 경쟁에서도 도태된다. 매일 매주가 실적과의 전쟁이다. 영문학을 전공한 내가 치열한 국제무역의 전쟁터에서 나름 의미 있고 열매 있는 실적을 유지하며 살아가는 것 자체가 하나님의 기적처럼 느껴지곤 한다.

그렇다 해도 내게 가장 무거운 짐은 언제나 현지의 언어로 현지의 젊은이들을 섬기는 일이다. 동양인인 내가 불교나 동양철학을 가르치는 것도 아니고, 기독교의 종가 대륙인 유럽에서 성경을 가르치는 선생으로 살아가려니 문화적, 정서적 장벽이 높다.

그래도 하나님께서 부르신 소명의 땅을 사랑하고 싶었다. 첫딸이 태어나자, 한국에 계신 어머님께 이름을 지어주시도록 전화를 드렸다. "폴란드에서 낳았으니, 폴란이가 어떠냐?" 매일 밭에 나가 하우스 농사를 지으시는 어머님은 언제나 유머와 웃음을 잃지 않으시며 새로운 것을 도전하신다. 좋은 생각! 나는 여기에 영적 의미와 소망을 부여했다. '폴란드'라는 나라 이름이 '평야에 살던 사람들의 땅'이라는 뜻이니, 세상 만민을 사랑하시는 하나님의 큰 평야 같은 마음을 가진 사람이 되라는 뜻을 담아, 첫딸에게 '박폴란'이라는 이름을 지어주었다.

이 정도면 '폴란드'라는 말이 나오면 뭐든 사랑하고 뭐든 수용해야 할 것 같지만, 현실은 그렇지가 않다. 어린 시절부터 이성을 기준으로 자르고 썰어서 분석하고 비평하기 잘하는 이곳 젊은이들에게 성경을 단순히 믿고 순종하도록 가르치는 일은 바위에 계란 던지기와 같은 느낌을 준다. 성경에서는 '산을 옮기는 믿음'을 이야기하는데, 정말로 한 사람의 변화를 위해서는 산을 옮기는 믿음이 필요하다. 믿음이 없어서, 섬김과 사랑을 실천하다가 좌절하기를 반복한다.

이런 영적, 정신적 무게에 눌려 힘이 들 때면, 친구에게 하소연하면서 그의 기도로 지원 사격을 받고 싶어지곤 한다. 그러면 그는 언제나 넉넉한 웃음으로, 그러나 진지한 사랑과 우정으로 선교에 동참해준다. 선교라는 것이 인간의 종교적 활동이 아닌 이상, 나는 친구의 침상 선교야말로 하나님의 마음을 움직이는 최고의 선교라고 믿는다.

비단 나뿐만이 아니다. 친구의 선교적 기도는 세상에 흩어진 다른 선교사들과 흩어진 성도들에게 늘 힘을 준다. 그의 병실과 침대는 기도의 관제탑인 셈이다. 친구는 선교사들의 선교사 같다.

📧 **받는 사람** | 석언 친구

친구, 석언 보세요. 친구의 시 〈너무 힘들어하지 마세요〉를 읽고 위로를 받았어요. 힘들었어요. 그리고 누적됐어요. 주님의 십자가 앞에, 아버지의 품에 안겨 실컷 울지도 못하고, 좀 누적되었어요.

직장과 세상은 무자비하고 무정하게 사람들을 다그치죠. 숫자와 실적이 사람의 인격이라는 식이죠. 매주 설교를 준비하는 일도, 해야 할 일들이 많을 땐 짐스러워요. 이방인 선교는 너무 오래 걸리고, 어려워요. 기도하고 조용히 주님을 묵상하고, 말씀을 받으려고 해요. 선교의 소명, 학과 십자가도, 오늘과 영원만 생각하고 그렇게만 살려고 해도… 또 내일 일을 염려하지요. 그래서 무릎 꿇고 "하나님 아버지, 제가 힘들어요" 하다가 예수님의 십자가의 고난과 은총을 생각하면서 펑펑 울며 회개했어요. 주님의 십자가는 만병통치 하늘의 약인가 봐요. 그리고 힘을 얻어 다시 앉아 있지요.

매일 매 순간을 전사처럼 영적 전투를 벌이는 친구에게 부끄러운 줄도 모르고… 파이팅 기도 로켓을 날려주세요.

📧 **받는 사람** | 수민 친구

하하! 저는 눈물이 안 나요! 내가 울면 닦아줄 사람이 없어서인지, 주님이 진짜 전사로 만드시려고 그러신 것인지. 사고 후 슬픈 감정에서는 눈물이 안 나요. (하품하거나 티끌이 들어가면 나와요^^) 수민 선교사님, 남모르게 울 수 있는 것도 축복이니 실컷 우세요! 주님이 위로해주실 거예요. 그리고 기뻐하실 거예요.

📧 **받는 사람** | 석언 친구

하하하! 친구 눈물 안 나오는 거는 일찍이 알고 있지요. 친구의 시 〈전사〉에 "눈물이 깊은 곳에서 시작된다는 것을 알게 되었습니다"라는 구절은 많은 것을 생각나게 하지요. 그리고 생각의 끝자락에서, 예수님 안에 있는 천국의 기쁨으로까지 안내가 되지요.

📧 **받는 사람** | 수민 친구

"임마누엘 하나님!" 그러니 제 주변에 좋은 친구들이 많죠! 수민 선교사 볼 때 특히 '임마누엘'과 '할렐루야'가 많이 나와요. 지난 화요일에 한국에서 다니엘 김 선교사가 왔어요. 그분 카페에 제가 올린 글과 사진입니다.

(중략)

선교사님은 다음날 새벽에 다음 집회 장소인 캐나다 토론토로 떠나셨습니다. 우리의 '철인'이 주님의 일을 하실 때 지치지 않도록 기도해주세요.

📧 **받는 사람** | 석언 친구

우와, 역시 홀로 된 침상에서도 주님의 마음을 품으시니, 세계 선교하는 철인들은 다 친구로 삼고 있네요. 세계를 품고 하늘을 품은 친구와 철인 선교사 다니엘 김 선교사가 잘 어울려요.^^ 친구, 노출 사진 멋지고 시원해요.^^ 온 대륙을 품고, 선교사들의 선교사로 오늘 하루도 주님과 승리하세요.

📧 **받는 사람** | 수민 친구

그분은 철인, 저는 전사, 수민 선교사님은 폴란드의 보물! ㅋㅋ 우리끼리 좋은 명칭은 다 가졌네요.^^

하루는 주일예배 전에 친구에게 이런 기도문을 받았다. 이 글을 쓰기 위해 친구가 드린 사랑과 기도의 힘을 느끼고 어떻게 힘이 나지 않을 수 있을까? 죽은 시체라도 벌떡 깨울 만한 전사의 기도처럼 큰소리로 내 영혼에 들려왔다.

기도합니다!

오늘 기쁜 날 주님을 찬양하는 소리가 폴란드에 울려 퍼지게 하소서.

천군 천사로 사역자를 지켜주시고 예배를 방해하는 악령들은 예수님의 발밑에서 꼼짝 못하고 있다가 영원한 음부로 쫓아주시기 바랍니다.

성령님의 은혜로 예배하는 모든 이가 주님의 사랑을 느낄 수 있도록 해주세요.

친구의 눈이 예수님이 바라보시는 것과 동일하게 해주세요!

친구의 귀를 영적으로 민감하게 하셔서 주님의 음성을 잘 들을 수 있게 해주세요.

친구의 코로 천국의 향기를 맡으며 생명의 호흡에 부족함이 없게 해주세요!

친구의 입술을 주장하셔서 주님의 말씀이 폴란드 구석구석까지 퍼지게 해주세요.

친구의 팔이 쓰러져가는 폴란드 형제들을 세우는 데 부족함이 없도록 해주세요.

친구의 발자국이 폴란드 기독교의 역사가 되게 해주세요.

이 모든 말씀 우리에게 능력 주시는 우리 주 예수 그리스도 이름으로 기도합니다!

아멘!

———

이러므로 우리에게 구름같이 둘러싼 허다한 증인들이 있으니,
모든 무거운 것과 얽매이기 쉬운 죄를 벗어버리고
인내로써 우리 앞에 당한 경주를 하며,
믿음의 주요 또 온전하게 하시는 이인 예수를 바라보자.
그는 그 앞에 있는 기쁨을 위하여 십자가를 참으사
부끄러움을 개의치 아니하시더니 하나님 보좌 우편에 앉으셨느니라.

(히브리서 12:1-2)

유언장 남기기

내 고향 양평은 지금은 교통수단도 좋아지고, 길도 좋아져서 서울과 아주 가깝다. 그러나 나의 학창 시절은 달랐다. 서울 한번 가기가 여간 해선 쉽지 않았다. 특히 내가 사는 개군면엔 어릴 적 신작로라는 길이 있었다. 자갈과 모래가 깔린 덜컹 길이라고 하면 맞다.

학창 시절 나는 생물 과목을 좋아했다. 아마 대입 학력고사에서 유일하게 만점 맞은 과목이었을 것이다. 그러나 문과반만 2개이고, 축산, 농업, 원예반이 있던 시골 고등학교에서 이공계 진학은 꿈도 꿀 수 없었다. 이따금 이공계에 뜻이 있는 학생은 졸업하자마자 곧바로 서울 재수학원으로 직행하곤 했다.

생명에 대한 궁금증이 나의 사고의 심연에 자리했다. 비록 영문과에 진학했지만, 생명이 아닌 죽음의 문제에 직면한 것이다. 죽음 자체보다도, 죽음 앞에 모든 것이 허물어져갈 수밖에 없는 만물의 구조가 허망해 보였다. 이 풀 수 없는 운명의 굴레에선 무엇을 해도 큰 의미가 없어 보였다. 나는 방황했고 어둔 밤 서울 뒷골목을 배회하며 3류 극장을 전전했다.

대학교 2학년 때 요한복음에 기록된 예수 그리스도를 만나고 풀지 못한 생명의 신비와 해답을 찾게 되었다. 요한복음 11장에 기록된 사건으로, 죽은 나사로를 살리면서 자기 정체를 밝히신 생명과 부활의 예수 그리스도에 대한 내용이었다. 이것은 나와 예수님의 혁명적인 만남이었다.

어느 날 느닷없이 석언이가 내게 자기 유언장을 공개했다. 내일을 보장받을 수 없는 생사의 기로에서 살아가는 몸이니, 그의 유언장은 언제 효력을 발생할지 모르는 채 늘 친구의 곁에 있다.

✉ **받는 사람** | 수민 친구
오늘 제 유서 써서 변호사님께 보냈어요. 그럼, 쉬세요.

유서(마지막 부탁)
작성자: 윤석언 Scott Sukeon Yoon

사람은 누구나 태어남이 있으면 죽음(뇌사 포함)이 있고 내 주 되신 예수님께서 언제 불러주실지 모르는 일이므로 준비하는 마음으로 이 글을 적어놓습니다.

　제가 뇌사 상태에 빠지면 모든 생명연장 수단은 사용하지 말아주세요. 가능한 한 빨리, 쓸 수 있는 저의 모든 장기(organ)는 필요로 하시는 분께 전부 기증해주시기 바랍니다.

　육체 또한 의과대학에 실습용으로 기증해주세요.

　나중에 대학에서도 필요가 없어지면 화장을 해서 가까운 산에 뿌려주시면 감사하겠습니다.

　저의 물건이 크게 두 군데에 있는데 부모님 집에 있는 것들은 스티브가 잘 처리해주고 널싱홈에 있는 것들은 ○○○님이 처리해주셨으면 좋겠습니다. 필요로 하는 분들께 기부를 해도 좋고 그냥 버리셔도 상관은 없습니다.

　지금까지 너무 행복한 시간을 가져서 특별히 부탁드리는 것과 아쉬움은 없고, 단지 제가 컴패션을 통해서 돕고 있는 아프리카 우간다에 살고 있는 말따 아세꾸(Martha Aseku)가 열일곱 살이 될 때까지 스티브가 계속 후원을 해주기를 길 떠나는 형이 마지막 부탁으로 남겨놓습니다.

　저를 사랑해주셨던 모든 분들께 감사를 드립니다. 다음에 주님 안에서 다시 만날 때까지 건강하시고 행복하세요!

　어머니, 아버지, 스티브, 제가 이 세상에 있을 때 우리가 한 식구였다는 것이 너무 감사하고 행복했습니다.

　끝으로 예수님의 사랑이 어떤 것인지 행동으로 실천해주신 김

부영 자매님, 이수영 집사님, 이근식 집사님, 케빈 집사님, 관철 형제님, 우리 사랑 나누기 식구들 감사합니다! 특히 자매님의 오랜 시간 봉사와 희생으로 장애인이었던 저의 마지막 삶의 질이 풍요로웠습니다!

그리고 영적으로 저를 성숙하게 해주시고 많은 도움을 주신 이용민 목사님, 감사합니다. 같이 하나님 일을 배워보고 싶었는데 함께 못한 것은 많이 아쉽네요. 지금 목사님께서 하시는 사역에 아름다운 열매를 많이 맺으시기를 소원합니다.

감사합니다!

친구여, 사랑합니다. 비록 유서는 써놓았지만 주님이 일어서라 하시면 친구한테 먼저 찾아가서 같이하고 싶습니다! 하나님이 저도 사용하실까요?

친구 석언 드림

📩 **받는 사람** | 석언 친구
'사용하실까요?'라니요? 지금 사용하고 계시잖아요!!

친구 수민 드림

친구는 유언장에 변호사 공증까지 받는다 했다. 하루의 호흡을 보장할 수 없는 친구의 하루는 언제나 주님의 곁에, 언제나 하나님나라에 가깝다. 그리스도 예수 안에서 누리는 그의 평안이 전해졌다. 친구는 자신의 호흡이 마치 비닐봉지를 쓰고 있는 느낌이라고 했다. 비닐봉지를 뒤집어쓰고도 친구의 대화 속엔 영원한 생명과 천국 소망의 호흡이 충만한 듯했다. 나도 친구에게 오래전에 써두었던, 아들에게 남겨주고 싶었던 나의 유언시를 화답하여 보냈다.

아빠가 세상을 떠나는 날엔

세리머니를 해주렴

영원한 본향으로 들어가는 세리머니를 해주렴.

남기고 가는 건 없지만

아빠가 뿌린 말씀의 씨앗들을

하나님이 키우실 게다.

많은 사람들은 모르겠지만

주님은 큰 잔치를 베푸실 게다.

그러니

너도 어두운 이 세상에서

진리의 외고집을 부리다가

세리머니를 하며 오거라.

다행히 나의 딸과 아들은 생물·화학반을 택할 수 있는 환경이다. 딸과 아들은 스스럼없이 생물과 환경을 선택했고 앞으로 생명과 관련된 일을 하고 싶어 한다. 내심 기쁘다. 앞으론 생명의 시대가 될 것이고, 언젠가 그리스도 예수의 생명의 계절이 이 땅에 오고야 말 것이기에. 그때가 되면 죽음도, 죽음이 몰고 다니는 어떤 세력도 힘을 잃고 완전한 생명의 계절이 오게 될 것이다. 그때가 되면 친구와 나는 완전한 영원한 생명 안에서 만나게 될 것이다. 우리는 그런 꿈을 꾸며 산다. 지금도 그리스도 안에서 우리 우정은 영원하다.

예수께서 이르시되 나는 부활이요 생명이니
나를 믿는 자는 죽어도 살겠고 무릇 살아서 나를 믿는 자는
영원히 죽지 아니하리니 이것을 네가 믿느냐.

(요한복음 11:25-26)

백수

　암벽을 즐기던 혈기왕성한 친구가 갑작스런 교통사고를 당해 전신마비 장애인이 되었다. 이따금 친구는 침대에 24시간 누워 아무것도 할 수 없는 자신을 생각하며 몸이 근질근질하다는 표현을 해왔다. 자기가 '백수'라 했다. 백수는 놀고먹는 사람을 일컫는 말이 아닌가? 그러나 백수 친구의 하루는 침상에 누웠어도 세계를 품기에 바쁘다.

　친구는 새벽 3시 즈음이면 기도를 시작한다. 요사이 기도해야 할 사람, 기도해야 할 장소, 기도해야 할 이웃들이 많아졌나 보다. 수면제를 먹어야 약간의 잠을 잘 수 있는데도, 더 많이 기도해야 하기 때문에 수면제를 먹지 않고, 까만 밤을 하얗게 보내기도 한다. 얼굴도 모르는 먼 이웃들인 이곳 형제자매들의 이름을 컴퓨터 앞에 붙여놓고 기도한다고 사진을 보내주기도 했다. 나는 또 한 명의 평범하지만 위대했던 백수 한 명을 친구에게 소개시켜주었다.

📧 **받는 사람** | 수민 친구

아직 아침밥이 안 나왔어요. 아침 점심은 대충 먹고, 저녁에 어머니가 만들어 오시는 음식을 행복을 느끼며 먹어요. 새벽에 퀴즈 봤고요. 그리고 아침 기다리며 지금은 뉴스 보고 있어요. 9시 넘으면 아침 나오고, 11시부터 2시간 성경 쓰고, 점심 먹고 과제 하려고요. 저는 백수거든요….

📧 **받는 사람** | 석언 친구

친구 석언!

제겐 친구 말고도 다른 소중한 백수가 있었지요. 지금도 문득 문득 아내에게 "내가 지금 사는 건 이 소중하고 존경하는 백수의 기도 때문이야. 무지 생각나고 보고 싶다"고 말해요.

　누구냐고요? 지금은 주님 곁에 계신 우리 장인어른이에요. 1990년대 초 버스가 정류장을 덮치는 대형 사고로 인해 생명만 겨우 건지시고, 두 다리를 잃으셨지요. 그 후 제가 선교사로 나온 1998년부터 주님 곁으로 가실 때까지 딱 10년 동안 이 사랑하고 존경하는 백수님과 영적인 연애를 했습니다. 하나님께서는 매일 성경 읽기, 성경 쓰기, 기도 외에는 아무것도 할 수 없었던 장인에게 놀라운 하늘의 비밀을 주셨습니다. 그 나눔은 신비로운 기쁨이었고, 부러움이었습니

199

다. 매일 직장, 가정, 사역에서 만나는 나의 작은 고난들을 이기게 해 준 놀라운 하나님의 은총의 시간이었지요.

성경 쓰기 하실 때, 하나님께서 주신 하늘에 속한 비밀들에 대해 저에게 부스러기 은혜라도 나눠주실 수 있겠어요?

몸을 움직여야만 일할 수 있는 것은 아니다. 특히 선교는 인간의 종교적 행위가 아니다. 만민 구속 역사를 위해 하나님이 행하시는 하나님의 일이다. 그러니 몸을 움직일 수 없다 해도, 성도들의 기도는 가장 활발한 변화를 일으킨다. 하나님의 전능하심과 역사의 운행을 믿는 사람에게, 기도하는 백수들은 하나님의 가장 뛰어난 동역자들이다. 하나님의 마음과 손을 움직이는 참 선교사이다.

너희가 악한 자라도 좋은 것으로 자식에게 줄 줄 알거든
하물며 하늘에 계신 너희 아버지께서
구하는 자에게 좋은 것으로 주시지 않겠느냐.

(마태복음 7:11)

작은 소리

장인어른도 그러했지만, 친구는 장애인으로서 완전한 고독과 적막을 아는 사람이다. 매일을 소음 속에서 사는 나는 친구의 고독과 적막함이 궁금해졌다. 그 완전한 적막함 속에서 어떤 소리가 들릴지 알고 싶어졌다. 그래서 하루는 용기를 내어, 그 적막함 속에 들어가보고자 했다.

📧 **받는 사람** | 석언 친구

홀로 되어 적막한 시간을 지나갈 수 있는 사람은 많지 않다고 생각해요. 정확하진 않지만 99퍼센트의 인간은 이미 시끄럽고 바쁘기만한 환경에 끌려 다니면서 살아가는지 몰라요. 친구의 우주적인 생각이 궁금해요. 그 안에서 주님과 어떻게 이야기하고 교제하는지.

좋은 아침!

어려워요, 하하, 그런 문제. 나는 우주적이지도 않고, 특별한 것도 아무것도 없어요. 그냥 주어진 삶에 최선을 다하며 살고 있어요. 바람이 있다면 내가 주님께 드릴 영광을 도적질하지 않았으면 좋겠어요. 정욕인지 욕심인지 그런 게 아직까지도 많은 것 같아요. 그 욕심들로부터 자유해져야 하나님 영광을 가리는 일을 하지 않을 텐데 말이죠.

📧 **받는 사람** | 석언 친구

우주적이라는 게 제게도 특별한 것을 의미하는 건 아니고, 친구의 시에서 충만하게 기록된 그런 자연스런 묵상들이에요. 매일 느끼는 하나님에 대한, 하나님의 사랑과 은총에 대한, 삶에 대한, 이런 모든 것들이 우주보다 광활하다고 느껴지거든요.

📧 **받는 사람** | 수민 친구

하하하! 오늘 아침부터 좋은 말씀 들었습니다. 선교사님과의 일반적인 대화가 성경공부 하는 것 같아요! 덕분에 오늘도 주님 안에서 모든 욕심 다 버리고 겸손한 자로 살 수 있을 것 같습니다.

📧 **받는 사람** | 석언 친구

좋아요.^^ 그럼, 친구도 묵상 통해 주시는 말씀을 저에게 나눠주시고 (물물교환!), 저도 늘 친구와 나누고. 뭐든 우린 나눠야 풍성해지는 법!!

주어진 삶에 최선을 다하라는 것은 쉬운 말처럼 들리지만 친구의 경우는 쉽지 않다. 인간으로서 경험할 수 있는 가장 극한의 상황에 처해 있는 것이다. 그는 적막함 속에서도 하나님의 영광을 걱정한다. 마음과 영혼 속에 찌끼처럼 남아 있는 욕심과 정욕을 지우려고 몸부림을 친다. 적막함 속에서 우주적인 깨달음을 기대한 나는, 가장 기본적인 삶 속에서 성실과 정직함으로 살아가는 법을 배운다.

큰소리로 자기 영광을 걱정하는 요란한 삶보다는 미세한 소리 속에서도 하나님의 영광을 걱정하며 겸손하게 살아가는 삶에 하나님의 비밀이 더 많이 담긴 것 같다. 친구는 이제 홀로서기가 익숙한 성숙한 사람으로 대화하고 있었다. 적막과 고독 속에 홀로 서서 하나님과 대화하고, 하나님의 사랑과 은혜를 발견하는 행복한 오늘을 들려주고 있다.

✉️ **받는 사람** | 석언 친구

친구 석언, 안녕하신가요?

난 참 적막이란 걸 모르는 사람이에요. 근데 사람은 언젠가 홀로 적막함과 마주해야겠지요. 소음 가득하고 늘 바쁜 세상이지만, 한 사람도 예외 없이 적막함 속에서 삶의 문제, 영혼의 문제를 만나게 될 거예요. 언젠가 그랬죠. 나는 친구의 단 하루의 적막함도 참아내지 못할 만큼, 삶을 모르는 사람일 수 있다고요. 저는 거품 많은 인생이라고요.

　친구의 적막함은 어때요? 처음엔 어려웠겠지요?

친구 수민 드림

✉ **받는 사람** | 수민 친구

친구 수민, 안녕하신가요?

　사고 전에는 난 항상 친구들이 많았고 여행 다니는 것을 좋아해서 적막함이나 고요함을 모르는 사람이었어요. 가끔 등산을 혼자 떠나도, 목적지에는 많은 동료들이 올라와서 모이곤 했으니까요. 내 주위엔 언제나 사람이 많았습니다.

　사고 후 홀로 중환자실에 누워 있으면서 고요함, 적막함을 느끼기 시작했어요. 하루에 한 번 있는 짧은 면회 시간이 전부였으니까요. 혼자 있는 적막하고 외로운 시간이 되니까 생각할 시간이 생기고 주님의 은혜를 더 잘 알 수 있었어요. 밤새 머릿속으로 주님을 찬양하고 그것을 시로 만들고 외웠어요. 말도 못하고 손도 못 움직이니 적지도 못하고, 의사표현은 방문 온 엄마가 자판에 손가락 움직이는 것을 보며 눈을 깜박거리며 글을 한 자 한 자 적어갔고. 짧은 면회 시간은 시 한 편 쓰기에도 모자랐어요. 그래도 찬양시를 쓸 수 있고 엄마랑 함께 만들어간다는 게 좋았어요. 그것이 최고이자 유일한 행복이었죠. 혼자 있는 게 익숙지 않고 주변에 친구가 항상 북적거렸는데….

저는 제가 그런 것을 좋아하는 성격인 줄 알았어요. 그런데 지금은 혼자 조용히 있는 것도 좋아졌어요. 친구들이 찾아오는 횟수도, 사람들도 점점 줄어들었죠. 하지만 주님만은 항상 제 옆에 계셨고 다른 믿음의 식구들을 보내주셔서 저를 외롭지 않게 만드셨어요. 그리고 모든 사람은 자신이 짊어지고 가야 할 자기만의 삶이 있으니까 항상 제 옆에 있을 순 없다는 것을 깨닫게 해주셨고, 이제 저는 혼자 있는 시간을 즐길 수 있게 되었습니다.

주님이 함께하시니까, 그리고 혼자인 시간이 지금 잠깐이니까요.

또 지진 후에 불이 있으나 불 가운데에도 여호와께서 계시지 아니하더니
불 후에 세미한 소리가 있는지라.

(열왕기상 19:12)

내 아픔, 남의 아픔

석언 친구에게 자주 스물여섯 살 차이 나는 형이라 말하곤 했다. 친구가 교통사고 당한 후 보낸 인내의 세월만큼 나보다 성숙할 거라 생각하기 때문이다. 신기하게도 친구는 매일매일 고난 속에 살아가면서도, 타인의 고통에 대해 마음 아파한다. 자기 아픔은 아프지 않은데, 다른 사람의 아픔이 아프다고 한다. 타인의 아픔을 아파하는 만큼 자신의 아픔이 덜해지기라도 하는 것처럼.

한번은 교통사고를 당할 당시에 동승했던 사람이 아닌 자신이 장애인이 된 것이 다행이라 말하기에 더 쓸 말이 없어졌다. 친구는 고통 속에서 불평하지 않는 것은 자신이 약아서라고 한다. 감사하는 것이 지혜로운 것이고, 하나님께 점수를 따는 것이라 한다. 하나님이 그에게 주실 최고의 점수가 어떨지 궁금하다. 그는 고통 속에서 하나님을 만났다. 지금의 자신을 사랑하고 감사하는 마음이 잘 전해지기에, 그가 하나님께 고백하는 감사는 그 자체가 간증이며 설교가 되어 나에게 다가오는 것이다.

✉ **받는 사람** | 수민 친구

전에 이런 생각을 한 적이 있어요. 하나님은 누구에게나 똑같은 분량의 고통을 주신다고. 여러 이유가 있으시겠죠. 하지만 어떤 사람은 작은 고통도 크게 느끼겠죠.

저는 아직까지는 큰 고통을 작다고 말할 만큼 성숙하지는 않지만, 그냥 고통을 연단의 전 단계로 생각하기로 했어요. 손가락 하나가 잘리나 손목이 잘리나 고통의 무게는 비슷할 거예요. 저에게 주어진 고통은 견딜 만한데 저 하나로 인해 다른 분들이 받는 고통을 생각하면 조금 힘든 것은 사실이에요.

✉ **받는 사람** | 석언 친구

고통에 관한 한 저는 말할 자격이 없어서, 이런 분들의 삶을 엿보고 조금이라도 배우게 되죠. 친구도 아마 이런 면에선 제 스승의 할아버지 격은 될 거예요. 자정이 넘어가요. 아직 좀 힘이 남았어요. 남김 없이 배움에 힘쓰고, 쓰러지렵니다.

✉ **받는 사람** | 수민 친구

저도 처음에는 다른 분들이 저를 돕게 하는 것이 그분들에게도 유익이라 생각하고 도움을 적극 받았어요. 그런데 10년, 20년이 지나니 긴 병에 효자 없다는 속담이 맞더라고요. 돕는 사람도 지치고 그것을 알면서도 받는 저도 지치더라고요. 제일 힘든 것은 돕는 분들에게 이상한 소리하시는 분들. 저는 듣고 그냥 넘어가는데 돕는 분들은 더 힘들어하시더라고요.

✉ **받는 사람** | 석언 친구

사랑하는 친구!

그럴 줄 알았어요. 제가 잘 모르는 부분들, 알 수도 없는 친구의 아픔을 건드리지 않았나 모르겠어요. 고통에 관해서는 저는 말할 자격이 안 된다는 걸 알지요. 그래서 그냥 엿볼 뿐이죠. 솔직히 친구가 제게 위대하게 느껴져요. 위대한 친구가 제 곁에 있어주어 영광이에요. 십자가 우리 주님의 사랑 안에서 사랑합니다. 존경합니다~.

근데, 사람이 느닷없는 고난을 당하면, 조물주를 원망하고 다른 사람을 원망하는 게 인지상정인데, 친구는 그런 상황에서 주님의 은혜를 더 알 수 있었다고요? 게다가 찬양시를 쓰고, 감사할 수 있었던 거예요? 참 나, 이해하기 힘드네요. 그것이 알고 싶어요. 그리고 아무것도 할 수 없는 사람이 어떻게 그렇게 다른 사람을 섬기고자 애쓰시는지…. 물론 예수님도 찌질이 같은 제자들에게 "너희가 먹을 것을 주어라" 하고 충격적인 명령을 주시긴 했지만요.

수민 드림

친구 수민 보세요! 제가 영리해서(^^) 그런 거죠! 원망하면 예쁜 사람도 미워 보일 것 같아서 원망 안 한 것도 있고, 제가 운전해서 제가 다쳤는데 누구를 원망하겠어요? 주님께 더 많이 감사하고 찬양하는 것은 지금 생활이 너무 힘들고 답답해서, 지난날 건강했을 때 주님이 참 많이 주셨었구나 느끼게 되어 감사가 더 많아졌기 때문이지요. 숨쉬기가 힘들 때면 주님이 산소를 주시는 것, 지난날 편히 숨 쉴 수 있었던 것을 깨닫게 되고, 먹거나 마시지 못할 때는 그동안 주님이 풍족하게 주셔서 못 먹고 못 마신 적 없었지 하며 감사하게 됐어요.

못 움직여서 힘들고 답답하지만, 지난날 저는 누구보다 건강해서 암벽등반, 스키, 수영, 테니스, 볼링 등등 모든 운동을 남한테 뒤지지 않을 만큼 잘했던 것에 더 감사가 나왔어요. 또 음치가 아니라서 찬양대도 할 수 있었고 배가 고플 때는 요리법을 보며 스스로 음식을 만들어 먹을 수 있는 기쁨도 주셨고⋯. 가지고 있었던 게 너무 많아서, 불평을 할 수 없었어요. 원망 안 한다고 해서 빨리 나을 것이 늦어지는 것도 아니고, 감사가 많으면 기특해서라도 더 빨리 고쳐주시겠지 하는 기대 심리도 있을 거예요.

저도 "너희가 먹을 것을 주어라" 하시는 예수님 말씀, 참 부담스럽죠.^^ 남에게 줄 수 있다는 것은 남들보다 더 가졌다는 말 아니겠어요? 아끼면 똥 된다는 말도 있잖아요. 저는 식탁도 없고 나눌 수 있을 때가 제일 행복한 것 같아요. 기쁨은 나누면 배가 되고 힘든 것은 나누면 반으로 준다는 것을 배웠어요.

요즘 느끼는 것이, 세계 각국의 선교사님들은 주님 나라 확장을 위해 많은 것을 희생하시는데, 저는 지금까지 자기계발만 신경 쓰고 너무 많은 것을 혼자 누리고 살아왔다는 것이에요. 이제 공짜로 더 얻은 제 삶을, 남의 생명을 살리는 삶을 살아가는 분들처럼 살아보려고 해요.

사랑하는 자들아 너희를 연단하려고 오는 불 시험을
이상한 일 당하는 것같이 여기지 말고
오히려 너희가 그리스도의 고난에 참여하는 것으로 즐거워하라.
이는 그의 영광을 나타내실 때에 너희로 즐거워하고 기뻐하게 하려 함이라.

(베드로전서 4:12-13)

감사의 힘

아무리 낙천적인 성격이더라도 이유를 알 수 없는 큰 불행을 당하고 나면, 자신과 타인을 원망하고 세상을 원망하기 마련이다. 조물주를 원망하는 게 당연하다. 그래서 사람들은 긍정적인 사고를 주문하고, 긍정적인 삶의 태도를 높게 평가해준다. '긍정'에 관한 책이 나오면 일단은 호기심을 갖고 들여다본다.

나는 직장인이라 늘 연봉에 대한 괴로움이 많다. 세 아이를 키우는 가장으로, 가난한 대학생들과 젊은이들을 먹이고 섬겨야 하는 처지라 늘 재정이 빠듯하다. 아무리 긍정의 힘을 쥐어짜도, 업무와 실적에 대한 압박이 있으면 긍정도 힘을 못 쓴다.

친구와 대화하면서, 작은 것들에 감사하는 법을 배우고 있다. 누워 있을 수 있는 것조차 감사해하니, 말 다했다. 숨 쉬는 것조차 감사하는 법을 배우고, 머리를 감고 있는 나를 보며 감사하는 법을 배운다. 그런 감사가 힘을 준다. 감사의 힘이 길러지면, 불평과 원망이 힘을 잃고, 주위를 그리스도의 사랑과 섬김의 시선으로 바라볼 수 있는 넉넉한 마음이 생긴다.

✉ **받는 사람** | 수민 친구

차 사고 나기 전, 3일간의 기억은 전혀 없어요. 지우개로 지운 것처럼. 처음에는 더 많은 기억이 없었는데 점점 기억이 다 났어요. 3일 빼고. 그리고 머리가 더 좋아졌어요. 주님이 보시기에 필요 없는 것은 기억 안 나게 놔두시는 거죠. 더 머리가 좋아진 것은, 몸을 못 쓰니까 필요하다고 느끼셔서였겠죠.

✉ **받는 사람** | 석언 친구

신기하네요. 지금 이 순간들 오래 기억될 거예요. 쉽지 않은 여정이거든요. 같이 가게 되어 기쁩니다.

✉ **받는 사람** | 수민 친구

공부를 계획한 만큼 못했어요. 부영 간호사님이 일찍 오셨거든요. 너무나 감사한 것이, 머리를 감지 못해 가려웠는데 시원하게 감겨주시고 말끔하게 면도도 해주셨어요. 덕분에 3시까지 잘 잤죠. 3시에 깨서 간호보조를 불러서 자세를 바꿨어요. 처음 보는 사람이었어요. 5시 반에 컴퓨터 앞에 앉혀달라고 했는데 안 왔어요. 간호사 부르는 버튼도 너무 멀리 놓여 있었고. 잠은 안 오지만 그냥 누워 있는 것을 감사하기로 했어요. 어젯밤에 간호사님이 내 엉덩이에 욕창이 시작됐다고, 앉아 있는 시간을 줄이라고 했거든요. 공부가 어려워지면서 요즘 좀 많이 앉아 있었거든요.^^ 오늘부터는 공부하는 중간중간 좀 누워 있어야겠어요. 그리고 방학 때는 좀 적게 앉아야겠어요.

조금 전 간호사가 오기에, 입으로 뿌뿌~ 하고 소리를 내서 앉았어요. 마침 착한 간호사여서 앉혀줬는데, 보통은 간호보조를 불러요.

✉ **받는 사람** | 석언 친구

그러니까 친구의 삶의 깊이는 저보다 25년은 앞섰다는 거죠. 친구의 한 마디, 한 글자가 강렬하고 의미가 커요. 물론 그 한 글자 뽑아내는 고통이 크겠지만. 아마도 그게 주님이 친구에게 주는 어떤 사명일 거예요.

✉ **받는 사람** | 수민 친구

저녁 먹고 너무 어지럽네요. 컴퓨터를 쓰려면 어느 정도 몸을 세워야 하는데 심장이 약해서 뇌까지 피가 전달이 안 되니 늘 어지러워요. 음식을 소화하기 위해서는 산소가 필요한데, 피 속에 산소까지 부족하니 더 어지럽고요. 지금은 왼쪽으로 누워 있어서 심장이 잘 못 뛰고…. 폐에서 가래도 뽑아줘야 하는데 간호사가 나이 드신 분이라 부탁도 안 했어요. 석션은 해본 사람이 잘하는데 처음 보는 사

람이라 설명하기 힘들어서리⋯.^^

친구의 글엔 '^^' 모양 이모티콘이 가장 많이 등장한다. 힘든데
도 늘 '^^'이다. 누울 수 있으면 누운 것을 감사하고, 숨 쉴 수 있다
면 숨 쉴 수 있다는 것을 하나님께 감사한다. 그렇다면 살아 있는
자체가 감사한 것이 아닌가!

그래서 이런 감사의 힘이 나에게 전염됐다. 어느 날 나는 그에
게 〈세상에 이젠〉이라는 시를 감사의 선물로 보내주었다. 감사가
넘치면, 연봉의 많고 적음, 스트레스와 육체의 아픔과 고통의 강
도, 타인의 실수와 약점이 다르게 느껴진다. 세상은 그대론데, 감
사하는 나는 다르게 보인다.

———

범사에 감사하라.
이는 그리스도 예수 안에서 너희를 향하신 하나님의 뜻이니라.
(데살로니가전서 5:18)

갈 것 없다

친구는 24시간 침상에서 누워 지내야 한다. 나는 하루 8시간 이상 직장에서 치열하게 일을 한다. 문화와 정서가 핏속부터 다른 나라에서 말이다. 우린 타인의 도움이 필요한 평범 이하의 환경 속에서 하루하루를 살아간다. 그런데 어느 때부턴가 하나님의 소명에 대한 이야기를 나누게 되었다. 누가 먼저랄 것도 없이 자연스럽게 흘러나왔다.

친구는 선교사가 되고 싶어 했다. 손 하나 까딱할 수 없고 한 발짝도 걸을 수 없는 형편임에도, 자신이 받은 하나님의 은혜와 사랑을 사람들에게 전하고 싶은 마음이 가득한가 보다.

선교는 입으로만 하는 것이 아니다. 나는 친구의 선교 열정에 기름을 부으라는 하나님의 지시를 받았다. 루터의 전기를 읽으면서, 그의 글이 없이는 종교개혁이 불가능했다는 것을 알게 되었다. 친구의 삶의 간증이 글로써 누군가에게 전달된다면, 누군가의 생각과 삶에 변혁이 일어날 수도 있겠다는 생각이 들었다. 하나님께서 글로 쓰인 성경을 세상에 주시지 않았는가! 글을 통해 하나님은 한 사람의 영혼을 만나주실 수 있겠다는 소망이 생겼다. 그래서 친구를 갈릴리의 들녘으로 함께 불렀다.

옛날 갈릴리 들녘에 가장 가난하고 평범했던 예수님의 제자들이 있었다. 5천 명이 넘는 대중이 운집한 가운데 집회가 있었고, 때가 저물어 시장기가 돌 때, 제자들은 집회를 파하고 각자 먹을 것을 해결해야 한다고 했다. 그때 예수님은 "갈 것 없다. 너희가 먹을 것을 주어라" 하고 말씀하신다. 나 한 사람 먹고살기도 힘든데, 나 한 사람의 인생도 버거운데, 예수님은 그런 평범하고 가난한 제자들에게 "갈 것 없다. 너희가 먹을 것을 주어라" 말씀하셨다. 그 갈릴리 들녘에서 명하신 예수님의 말씀이 우리의 마음에 큰소리로 들리기 시작했다.

나도 시간과 생활의 제약이 있는 몸이지만, 주님께서 "너희가 먹을 것을 주어라" 말씀하시는 듯했다. 이 음성을 듣기까지 우리는 주님의 뜻을 찾는 여정을 함께할 수 있었다. 그리하여 용기를 얻게 되었고, 우리도 누군가에게 줄 것이 있다는 사실만으로 열정을 갖게 되었다. 그렇게 우리는 우리가 가진 가장 작은 오병이어를 찾는 여정을 시작할 수 있었다. 아무리 부족한 사람일지라도, 아무리 평범 이하의 사람일지라도, 하나님은 자신이 사랑하는 모든 이들에게 남을 섬길 수 있는 가장 작은 '오병이어'를 주셨음을 보여주는 증인들이 되고 싶었다.

✉ **받는 사람** | 석언 친구

누워서 묵상하고, 묵상한 것들을 글로 쓰는 것에 대해서 염려를 붙들어 매세요. 기간도 없고 마감도 없어요. 우리의 작업은 평범할 테지만, 주님의 이름을 위해선 위대한 일이 될 거예요. 주님이 이끄시고 주님이 시작하신 일이니, 주님의 이름을 위해서 이끌어주실 테니, 우리 몸을 그 이끄심에 맡겨보자고요. 하나님 없이 사는 사람들을, 평범한 삶과 생각과 인생 속에 감싸주시는 위대한 하나님의 섬세한 사랑에 안기고 싶어 하게 하는 그런 글들이 나오도록요. 하나님을 안다고 하는 형제자매들이 자신들의 평범한 일상 속에 동행해주시는 하나님의 사랑에 감동하여, 시시콜콜한 매일의 삶 속에 게으르게 주저앉지 않고 당당하게 승리할 수 있도록 하는 믿음의 글들이 나오도록요.

✉ **받는 사람** | 수민 친구

'리더십' 온라인 공부에서 제가 말했던 미래 계획은 이런 거였어요. 문서 선교!!

오묘하신 하나님의 조화! 어찌 마음 중심을 꿰뚫어 보시는지. 우리를 기도로 지원할 사랑하는 가족들이 있고, 우리를 가다듬어줄 멋진 글쟁이들이 있으니 하나님께서 인도하셨던 것 맞죠! 그럼 이제 우리를 맡기고 지금처럼 자연스럽게 나가면 돼요. 그 이상의 일들은 아버지께서 하시리라 기대합니다. 과정 속에 좀 힘들진 모르겠어요. 아무리 자연스런 삶의 나눔이라도 우리 속을 끌어내는 일이란 번데기가 실을 뽑아내는 일과 같으니까요. 주님이 비단으로 만들어 빛나는 영광을 받으실 겁니다.

친구하고 엄청난 양의 이메일을 주고받으면서 친구의 필력과 영력을 느꼈어요. 혼자 읽고 지우기 아까운 글들이 많아서 오랜 시간이 지난 후에 우리 메일만 모아서 책을 만들면 좋겠다고 생각했었어요. 지금 15년 만에 생긴 욕창으로 고생 좀 하고 있지만 이렇게 잠깐잠깐 컴퓨터를 사용할 수 있는 것에 감사해요! 오랜 시간 누워 있으면 기도도 더 많이 할 수 있고, 더 성숙해질 수 있겠지요.^^ 마무리 잘하시고 감사의 조건들이 친구에게 더 많아지기를 기도할게요. 저를 위해 기도해주실 때 저 혼자 힘으로 할 수 있는 일이 많아질 수 있게 해달라고 기도해주세요. 감사해요!

이렇게 우린 오늘도 하나님께서 우리에게 주신 작은 오병이어를 찾는 중이다. 그래서 가깝고 먼 이웃들과 함께 나누는 삶을 살고자 몸부림을 치고 있다. 주님이 말씀하시니까….

"갈 것 없다. 석언이와 수민이 너희가 먹을 것을 주어라."

여기 한 아이가 있어 보리떡 다섯 개와 물고기 두 마리를 가지고 있나이다.
그러나 그것이 이 많은 사람에게 얼마나 되겠사옵나이까.

(요한복음 6:9)

잃고 얻는 것

친구는 가끔 교통사고 후에 기억력이 좋아졌다고 자랑한다. 괜찮은 기억력으로 공부도 하고, 지난날들을 이야기할 수 있어서 감사해한다. 사고 전 3일간의 기억은 백지장이라 했다. 아무 기억도 없다 했다. 3일 기억은 잃고, 용량이 뛰어난 새 기억력을 얻었다고 자랑한다.

그뿐만이 아니다. 친구는 오랜 간병에 많은 사람이 떠나기도 했다고 한다. 가까운 사람도 잃어 그 아픔을 표현할 수 있는 길은 오직 글을 쓰는 것이었다. 눈물샘을 잃어서 눈물이 나오지 않기 때문이다. 친구는 눈물을 잃었지만, 하나님나라의 소망 안에서 기쁨을 새로 얻었다.

친구는 가장 찬란했을 20대와 30대를 잃었다. 그런데 잃어버린 것보다 다시 찾은 것이 많다 한다. 얼마 전엔 사고 전의 삶을 생각하면 부끄럽다는 이메일을 보내왔다. 자신만을 위해 살고, 자신의 즐거움만 누리던 생활과 지금의 자신을 비교할 수 없다고 했다. 찬란한 청춘의 때를 잃어도, 그가 얻은 하나님나라는 그렇게 값진 것인가 보다.

사고 이후 전신마비가 되었으니, 모든 것을 잃은 것이 아닌가! 그러나 친구는 고난 속에서 늘 새로 얻는 영원에 속한 것, 하늘에 속한 것들을 나눠주곤 했다. 나는 친구의 여유와 넉넉함을 느껴가면서, 고통과 아픔 속에서 어떻게 그 아픈 기억들을 잊고 살아갈 수 있는지 궁금해서 이메일을 보낸 적이 있다.

이러한 나의 대화가 못된 생각인 줄 알지만, 나는 그에게 주신 하나님의 은혜와 사랑이 얼마나 큰 것인지 알기에 또 용기를 내서 지난 이야기를 끌어냈다.

✉ **받는 사람** | 석언 친구

친구 석언 보세요.

그래도 그렇지요? 사람은 열 가지 행복한 기억보단, 한 가지 불행한 기억을 깊이 간직하며 스스로 고통을 만들고 스스로를 궁지로 몰아가는, 똑똑한 듯 미련한 존재인걸요. 하나의 아픔을 아주 오래오래 움켜쥐면서요. 친구도 그런 경험이 있을 것인데, 아픔을 잊는 방법은 없는 거죠?

수민 드림

✉ **받는 사람** | 수민 친구

역시! 같은 질문을 간호사님에게서도 들은 적이 있습니다. 저에게 아픔이 있었는지 미워하는 사람이 있었는지 물어본 적이 있었습니다. 한번은 저의 아버지가 양아버지인 것을 알고, 내가 친아버지를 미워하지 않는지, 엄마와의 관계, 양아버지와의 관계에서 미움과 애증 같은 것이 있는지 많이 물어보셨어요. 결론부터 이야기하면, 저는 세 분 다 존경합니다. 각자의 장단점이 있으시겠지만 세 분의 각장점들은 감히 제가 흉내도 못 낼 만큼 엄청난 경지에 오르신 분들입니다. 단점은 안 배우면 되는 것이니, 그분들로 인한 아픔은 전혀 없습니다.

중학교 초에 난 작고 약했습니다. 학원 폭력을 당한 경험이 있고, 아직까지 그들의 이름을 기억하고 있을 정도로 완전한 용서는 안 된 것 같습니다. 그런데 중학교에서 고등학교 넘어가는 과정에 주님이 저를 불쌍하게 생각하셨는지 육체적으로 정신적으로 많이 성장시켜 주셨습니다. 고등학교 때는 행복한 기억만 있어요.

석언 드림

✉ **받는 사람** | 석언 친구

친구는 거의 도사급.^^ 장점만 크게 보고, 단점은 안 배우면 된다는 거죠. 근데, 실제는 이상해요. 사람은 단점만 닮아가고, 그쪽으로 기울어지는 경향이 있어서요. 그래서 미워하고 증오하는 사람을 닮아가는 거죠. 친구는 타고난 긍정의 힘!

저는 1994년에 스물여섯 살의 나이에 이등병으로 입대했습니다. 대학원 마치고요. 어떤 상급자는 스물두 살이지만, 대개는 스물한 살 정도죠. 노병 이등병이 못마땅하겠지요. 나의 사수가 얼마나 괴롭히던지요. 상처 중에 사람에게서 받은 상처가 지우기 제일 어렵다고 봐요. 주위에 얼마나 많은 사람들이 사람에게서 받은 상처 때문에 아파하고 고통을 당하는지 몰라요. 이런 상처조차도 부대끼며 사는 게 행복인 줄 알라고 하면 모르는 소리, 잔인한 소리일까요?

수민 드림

✉ **받는 사람** | 수민 친구

충격이네요. 친구도 상처를 받았다는 사실이. 그런 사람들은 성경 말씀대로(레위기 24:20) "상처에는 상처로, 눈에는 눈으로, 이에는 이로 갚을지라. 남에게 상해를 입힌 그대로 그에게 그렇게 할 것이며" 해버리면 시원하겠는데 속사람이 완전히 변한 친구는 그렇게 못했을 거 같고요. 그래서 어떻게 했나요? 크리스천의 사랑으로 용서? 옛말에 "맞은 놈은 발 뻗고 자도 때린 놈은 발 뻗고 못 잔다"는 말이 있지만 요즘은 반대예요. 사회가 악해져서 상처 준 놈이 발 뻗고 자죠. 그런데 주님은 용서하라고 하시고. 용서를 해줘도 상대방은 자기가 용서받은 것도 모를 거예요. 친구는 어떻게 하셨어요?

상처를 준 다른 사람을 용서하는 건 쉽지 않죠. 자력으론 턱도 없어요. 군대 상관은, 군대라는 분위기도 있고 계급과 명령의 사회니까 어느 정도 이해가 되죠. 그런데 일반적인 세상에선 말도 못해요. 상처를 받기만 하나요? 상처를 심하게 주기도 하죠. 그리고 후회하고. 후회까지만 해도 괜찮은 사람이죠. 상처를 주고 산다는 것조차 모르는 사람이 많을 테니까요. 특히 가까운 사람들에겐 더욱 그래요. 그러니 조금 먼 사람들에게 가해지는 상처들은 먼 나라 이야기인 거죠. 사람에게도, 자연에게도, 모든 피조물들에게도요.

언제나 우리의 대화는 예수 그리스도의 용서와 사랑으로 나아가서, 지금도 우리는 그리스도를 우리의 삶에서 새롭게 배워가고 얻어가는 중이다. 우리가 많은 것을 잃은 존재들인지는 몰라도, 우리의 동행은 그리스도의 사랑과 우정을 얻고 배워가는 행복한 하늘 동행임에 틀림없다.

내가 내게 있는 모든 것으로 구제하고 또 내 몸을 불사르게 내줄지라도
사랑이 없으면 내게 아무 유익이 없느니라.

(고린도전서 13:3)